PROFIL BAC

Collection dirigée par Georges Décote

W0274527

Œdipe roi

(Entre 430 et 420 av. J.-C.)

SOPHOCLE

ALAIN COUPRIE

Agrégé de l'université

Docteur ès lettres

Sommaire

© HATIER, PARIS, 2001 ISSN 0750-2516 ISBN 2-218-**72056**-6
Toute représentation, traduction, adaptation ou reproduction, même partielle, par tous procédés, en tous pays, faite sans autorisation préalable est illicite et exposerait le contrevenant à des poursuites judiciaires. Réf. : *loi du 11 mars 1957*, alinéas 2 et 3 de l'article 41. Une représentation ou reproduction sans autorisation de l'éditeur ou du Centre Français d'Exploitation du droit de copie (20, rue des Grands-Augustins, 75006 Paris) constituerait une contrefaçon sanctionnée par les articles 425 et suivants du Code pénal.

Cinq lectures analytiques

Toutes les références renvoient à l'édition d'*Œdipe roi *figurant dans les* Tragédies *de Sophocle, collection « Folio » (n° 360), Éd. Gallimard, traduites par Paul Mazon.

Édition : Alain-Michel Martin
Maquette : Tout pour plaire
Mise en page : Al'Solo

FICHE PROFIL

Œdipe roi (entre 430 et 420 av. J.-C.)

Sophocle (vers 496-vers 406 av. J.-C.)

Tragédie · Théâtre de l'Antiquité grecque

RÉSUMÉ

La peste ravage la ville de Thèbes. Le roi Œdipe fait consulter l'oracle d'Apollon pour savoir comment combattre le fléau. Il apprend que l'épidémie est un châtiment divin qui durera tant que les assassins de l'ancien roi Laïos ne seront pas démasqués et punis. Aussitôt le devin Tirésias le maudit : c'est lui, Œdipe, le criminel qui souille le pays. L'accusation paraît à tous extraordinaire. Œdipe a en effet libéré Thèbes de la terreur que faisait régner le Sphinx. C'est après cet exploit qu'il est devenu roi de Thèbes. Au faîte de sa puissance, Œdipe est aussi au comble du bonheur : mari de Jocaste, la veuve du roi Laïos, il est un époux heureux et le père de quatre enfants.

Œdipe, toutefois, s'inquiète. Il a naguère fui Corinthe et ses parents parce qu'un oracle lui avait prédit qu'il tuerait son père et qu'il épouserait sa mère. Sur la route qui le menait de Delphes à Thèbes, il se souvient d'avoir tué à un carrefour un vieillard. En dépit des conseils de sa femme qui l'exhorte à ne pas découvrir la vérité, Œdipe s'obstine à savoir qui était sa victime et qui il est lui-même. Il y a bien longtemps, une rumeur prétendait qu'il n'était pas le fils naturel de Polybe et de Mérope, les souverains de Corinthe, mais un enfant recueilli qu'ils avaient adopté.

Voici qu'un Messager de Corinthe lui apporte la nouvelle du décès du roi Polybe. Croyant le consoler, il lui révèle la vérité sur sa naissance : Polybe n'est que son père adoptif. Vient alors l'unique survivant du combat qui opposa Œdipe à ses assaillants et que celui-ci a convoqué. Le survivant et le Messager se reconnaissent. Après bien des hésitations, ils avouent à Œdipe qu'il est le fils de Laïos, de ce vieillard qu'il a tué il y a près de vingt ans et qu'il a pour mère Jocaste, celle qui est aujourd'hui sa femme. Parricide et incestueux, Œdipe se crève les yeux de désespoir, tandis que Jocaste se pend. L'oracle s'est réalisé. Créon, le frère de Jocaste, exerce l'intérim du pouvoir, pendant qu'Œdipe s'apprête à un long exil, guidé par sa fille Antigone.

PERSONNAGES PRINCIPAUX

– **Tirésias,** prêtre de Zeus (Jupiter). Fort âgé et aveugle, il est le devin le plus célèbre du pays. Il ne s'est jamais trompé.
– **Créon,** frère de Jocaste et beau-frère d'Œdipe. Sans ambition politique, homme d'honneur, il préfère une vie calme et agréable aux soucis et à la charge du pouvoir.
– **Jocaste,** reine de Thèbes, mariée une première fois à Laïos dont elle a un fils, Œdipe, qu'elle abandonne à sa naissance. Vingt ans après, devenue veuve, elle épouse en secondes noces le vainqueur du Sphinx : Œdipe ! Sans l'avoir reconnu ? Quatre enfants naîtront de leur union.
– **Œdipe,** roi de Thèbes. Perspicace et intelligent, il a été élevé à Corinthe par des parents adoptifs. Il se découvre parricide et incestueux malgré lui.
– **Le Chœur,** personnage collectif, représentant la cité. Le plus souvent commentateur de l'action, il donne à la tragédie son aspect lyrique.

CLÉS POUR LA LECTURE

1. Une tragédie sur le mythe d'Œdipe

Sophocle n'a pas inventé le personnage d'Œdipe. La légende d'Œdipe est un des grands mythes de la civilisation grecque, puis occidentale.

2. Mythe et tragédie

Le mythe, qui n'appartient pas à l'origine au domaine de la littérature, a pourtant connu sa plus haute expression dans le genre de la tragédie. C'est qu'entre le mythe, qui est explication des grandes interrogations humaines, et le tragique, qui est confrontation avec ce qui dépasse l'homme (la liberté, le destin...), des liens existent presque naturellement.

3. Une tragédie sur la destinée humaine

Puissant et heureux, Œdipe se découvre le pire des criminels et sombre dans le désespoir et la solitude. De quoi est faite une vie? Qu'est-ce que le bonheur? Est-on maître de son existence? Telles sont les questions fondamentales que soulève la pièce.

4. L'horreur et la pitié

La tragédie se propose d'émouvoir les spectateurs en suscitant chez eux horreur et pitié. Aussi la pièce se déroule-t-elle souvent sur le registre du pathétique. Les crimes d'Œdipe inspirent la répulsion. Mais comment ne pas éprouver en même temps de la compassion devant l'ampleur des malheurs qui s'abattent sur lui? Œdipe est en effet à la fois coupable et victime.

5. Œdipe et le complexe d'Œdipe

Pour un lecteur moderne, le nom d'Œdipe est étroitement associé à une découverte de la psychanalyse: le complexe d'Œdipe, que tout homme subit à un moment ou à un autre de sa prime enfance.

6. Une étude littéraire et dramaturgique

Une tragédie grecque ne ressemble pas aux tragédies françaises classiques du XVIIe siècle. À quelles règles et à quelles techniques obéit l'œuvre de Sophocle ?

PREMIÈRE PARTIE

Résumé et repères pour la lecture

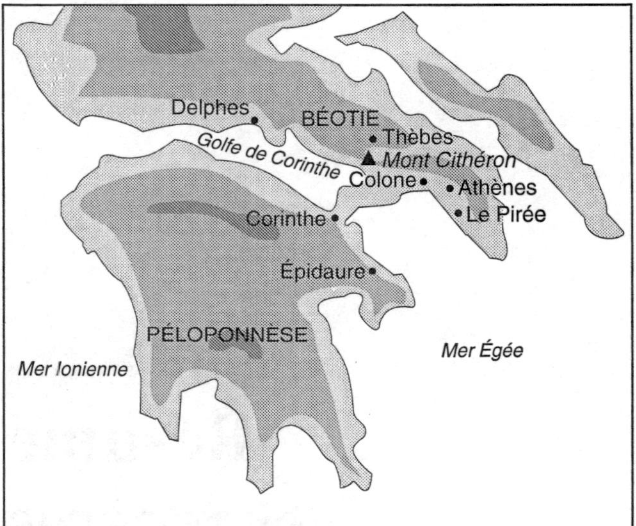

La Grèce : le monde d'Œdipe

Une tragédie grecque ne se présente pas comme une tragédie française classique. Elle ne se découpe ni en actes ni en scènes. Elle comporte en revanche un Chœur, ayant à sa tête un personnage dénommé le Coryphée. Ce Chœur représente les habitants de la cité et commente l'action. Ses interventions chantées séparent donc les épisodes de l'intrigue. C'est en fonction d'elles qu'est effectué le découpage du résumé.

L'action se passe à Thèbes, à une époque indéterminée mais très reculée dans le temps.

La peste, châtiment divin[2]

RÉSUMÉ

Prestigieux roi de Thèbes, Œdipe, entendant des lamentations d'enfants, sort de son palais. Le Prêtre[3] qui les accompagne lui apprend que la peste ravage Thèbes. Les enfants viennent le supplier, lui, Œdipe, d'endiguer le fléau. N'a-t-il pas naguère sauvé une première fois la ville en triomphant du Sphinx qui la terrorisait ? Qu'il la délivre donc du nouveau malheur qui la frappe aujourd'hui !

Œdipe répond qu'il n'a pas attendu d'en être prié pour agir. Aussi a-t-il dépêché Créon, son beau-frère, consulter l'oracle de Phébus[4] à Delphes.

L'oracle a parlé : la peste est un châtiment que les dieux envoient aux Thébains pour les punir de n'avoir pas recherché et condamné les assassins de l'ancien roi Laïos. Elle disparaîtra sitôt le coupable châtié.

Œdipe s'inquiète : comment retrouver ces meurtriers ? pourquoi ne l'a-t-on pas fait plus tôt ? Créon l'informe de ce que l'on sait sur cette affaire ancienne et mystérieuse. Des brigands ont tué Laïos et son escorte sur la route de Thèbes à Delphes. Un seul membre de l'escorte a, semble-t-il, survécu, mais il a depuis disparu. La menace que le Sphinx faisait peser sur la région a ensuite détourné l'attention des Thébains, plus soucieux de se protéger du monstre que d'enquêter sur les circonstances du meurtre de Laïos.

Œdipe s'engage à mener à bien l'enquête : dans l'intérêt de Thèbes ; mais aussi dans le sien propre, car ceux qui ont tué son prédécesseur sur le trône de Thèbes peuvent également vouloir le tuer.

Le Prêtre invite les enfants à faire confiance à Œdipe et à l'oracle.

---

1. Du début (p. 197), jusqu'à l'entrée du « Chœur des Vieillards » (p. 202).
2. Les titres ne sont pas de Sophocle.
3. Il s'agit du « Prêtre de Zeus », c'est-à-dire du roi des dieux (dont Jupiter est l'équivalent en latin).
4. Phébus – ou, en latin, Apollon – était le dieu de la lumière, de la musique et de la poésie, mais aussi de la divination. Son principal sanctuaire se trouvait à Delphes, le grand centre religieux de la Grèce (voir la carte, p. 10).

Nature et fonctions du prologue

Selon la définition qu'en donne Aristote dans sa *Poétique*[1], le prologue est « la partie complète de la tragédie qui précède l'arrivée du Chœur ». C'est exactement le cas ici.

Sa structure est simple : il se compose de deux dialogues entre, d'une part, Œdipe et le Prêtre et, d'autre part, Œdipe et Créon.

Sa fonction est analogue à celle de l'exposition dans une tragédie classique. Le sujet est présenté, et l'action, lancée : qui a tué Laïos ? De la réponse à cette question dépend le sort de Thèbes. Le personnage principal est campé : Œdipe est un roi puissant, exceptionnellement intelligent, aussi compatissant envers son peuple que dévoué et actif.

Le prologue livre enfin une précieuse indication scénique : l'action se déroule sur une place, devant le palais royal.

Une exposition pathétique et dramatique

Relève du registre pathétique la représentation, ou l'évocation, de la souffrance et de la douleur. La description que le Prêtre fait de la peste s'inscrit dans ce registre. Par la personnification du fléau : « Une déesse porte-torche, déesse affreuse entre toutes, la Peste, s'est abattue sur nous... ». Par la variété des champs lexicaux décrivant le ravage de la peste : « flot meurtrier » ; « la mort la frappe... » (l'expression est répétée) ; ces « femmes qui n'enfantent plus » ; « le noir Enfer[2] ». Par les réactions gémissantes des habitants : « nos plaintes, nos sanglots ». Au pathétique des mots s'ajoute le pathétique de la mise en scène : les enfants sont « accroupis », puis « à genoux » sur les marches du palais, tels des suppliants implorant secours.

L'arrivée de Créon fait évoluer l'exposition du pathétique vers le dramatique. On sait qu'appartient au registre dramatique tout ce qui

1. Philosophe grec, Aristote (384-322 av. J.-C.) a codifié dans cet ouvrage les principales règles de la tragédie grecque.
2. L'« Enfer » : le séjour des morts dans la religion antique (sans connotation particulière de souffrance ou de damnation éternelle).

suscite ou maintient l'intérêt. Or quoi de plus dramatique que l'énigme quasi policière sur laquelle se clôt l'entretien de Créon et d'Œdipe : qui a tué Laïos ? comment identifier les coupables ?

Pathétique et dramatique engendrent les deux émotions que toute tragédie antique se propose de provoquer chez le spectateur : la terreur et la pitié. Terreur devant les ravages de la peste ; et pitié pour les victimes, ainsi que pour Œdipe lui-même, qui s'engage à « triompher » ou à « périr ».

L'ironie tragique

Pour les spectateurs familiers du mythe d'Œdipe[1], les réactions du héros de Sophocle sont empreintes d'une évidente ironie tragique[2]. À ce stade de l'action, il ne sait pas en effet qu'il est l'assassin de son père. Sa volonté affichée de laver Thèbes de la « souillure » (p. 200) que laisse le crime impuni se retournera contre lui, puisqu'il est cette « souillure ». De même, Œdipe ne saisit pas toute la portée de ses propos, quand il déclare : « Lorsque je défends Laïos, c'est moi-même que je sers » (p. 202). Ce « service » sera la découverte de sa culpabilité ! L'effet obtenu sera l'exact contraire de celui recherché. C'est le principe même de l'ironie tragique.

PAGES 202 À 206

Prières et lamentations du Chœur

RÉSUMÉ

Apparaît le « Chœur des Vieillards », qui implore la protection de Zeus et de ses deux filles, les déesses Athéna et Arthénice. Que ces « divinités protectrices » sauvent l'« opulente ville de Thèbes » !

Sur un rythme « plus animé », le Chœur se lamente sur les ravages que provoque la peste : la « cité se meurt ».

D'un ton « vif et marqué », le Chœur supplie Zeus et Apollon d'écraser Arès (dieu de la guerre, des destructions et des malheurs)

1. Sur le mythe d'Œdipe, voir p. 44.
2. On parle d'ironie tragique quand le sort paraît cruellement se moquer d'un personnage, qui n'en a naturellement pas conscience.

Une représentation de la cité

Le Chœur incarne le personnage collectif de la Cité, au nom de laquelle il s'exprime. Aussi les pronoms personnels ont-ils une valeur extensive et généralisatrice: le «nous» englobe tous les habitants; le «je» personnifie l'ensemble, qui est par ailleurs désigné dans des formules telles que «tout mon peuple» ou «la Cité» (p. 203). La tragédie grecque ne se réduit pas ainsi à l'écrasement d'un individu, d'un «héros», même s'il donne son nom à la pièce: c'est la confrontation d'une collectivité et d'une horreur exceptionnelle.

Une tonalité religieuse

Dans son début comme dans sa fin, l'intervention du Chœur prend la forme d'une prière. L'invocation aux dieux est directe et récurrente: «Ô douce parole de Zeus» (p. 202); «J'appelle enfin le dieu...» (p. 204). Épithètes et périphrases rappellent, en des formules rituelles, les attributs des divinités: «dieu de Délos, dieu guérisseur»; «fille de l'éclatante Espérance» (p. 202). La prière s'achève sur une réplique douloureuse: «Ah, qu'il vienne...» (p. 204).

La montée de l'intérêt dramatique

Dépositaire par définition de l'expérience et de la sagesse, le Chœur relance l'intérêt dramatique. Avec la décision d'Œdipe d'enquêter sur la mort de Laïos, la scène précédente laissait entrevoir un espoir. Le Chœur réintroduit une note d'angoisse: il s'interroge sur le sens véritable de l'oracle. Celui-ci ne cache-t-il pas autre chose? Est-il complet, bien interprété? «Que vas-tu exiger de nous?» demandent les Vieillards à Zeus (p. 202).

L'inquiétude surgit, tandis que perdure le pathétique par la description de la peste: «La Cité se meurt en ces morts sans nombre» (p. 203). La terreur et la pitié restent les ressorts fondamentaux.

La proclamation d'Œdipe

RÉSUMÉ

Pour apaiser les angoisses du Chœur, Œdipe annonce aux Thébains que si l'assassin se dénonce il aura la vie sauve. S'il est dénoncé, le dénonciateur sera récompensé. Mais si chacun se tait et que l'enquête finit par démasquer le coupable, alors celui-ci sera durement châtié. Personne ne devra lui parler, ou l'accueillir chez lui. Il sera maudit, puis exilé. Œdipe appelle la colère des dieux sur quiconque enfreindra ses ordres.

Œdipe reproche ensuite au Chœur de n'avoir pas plus tôt poursuivi les meurtriers de Laïos. Lui ne pouvait rien entreprendre. Il n'était alors qu'un étranger. Chacun se souvient, en effet, des conditions de son accession au pouvoir. Laïos était mort. Les Thébains avaient promis que le vainqueur du Sphinx deviendrait leur roi et l'époux de Jocaste, veuve de Laïos. Œdipe a triomphé du Sphinx. Le voilà depuis longtemps roi de Thèbes et père de quatre enfants[2], que lui a donnés Jocaste. Et il doit maintenant résoudre une affaire qui ne le concerne en rien! Mais il le fera par respect pour la mémoire de Laïos, comme si celui-ci avait été son propre père.

Le Coryphée essaie de justifier la passivité des Thébains. N'était-ce pas aux dieux de les aider? Et n'est-ce pas encore à eux de les secourir aujourd'hui? Le Coryphée conseille à Œdipe de consulter le devin Tirésias. La suggestion est inutile: Œdipe a déjà fait mander Tirésias.

REPÈRES POUR LA LECTURE

Une malédiction solennelle

Le discours qu'Œdipe tient aux Thébains est une malédiction. Le vocabulaire utilisé est en effet celui d'une damnation: «Je voue le

1. Depuis: «Œdipe: J'entends tes prières...» (p. 204), jusqu'à l'entrée en scène de Tirésias (p. 207).
2. Ses deux filles: Antigone et Ismène, et ses deux fils: Étéocle et Polynice.

criminel [...] à user misérablement, comme un misérable, une vie sans joie» (p. 205).

Une double solennité imprègne la proclamation. C'est d'abord celle d'un roi qui parle en détenteur de l'autorité: «J'ordonne» (p. 204); «j'interdis»; «je voue»; «je vous somme» (p. 205). Les impératifs sont également nombreux. Cette solennité revêt une coloration religieuse: Œdipe prend les dieux à témoin de sa volonté d'accomplir immanquablement ce qu'il dit: «l'oracle auguste de Pythô[1] vient à l'instant de me le déclarer», «pour Apollon» (p. 205).

Une déclaration logique

Œdipe a, en apparence, toute raison de proférer une telle malédiction. La justice l'exige: tout crime mérite châtiment et sa responsabilité royale le lui impose: avec le châtiment de l'assassin cessera la peste. L'affectivité le lui commande: Œdipe ne se considère pas seulement comme le successeur, dans l'ordre chronologique, de Laïos ; il se présente comme son héritier, d'une certaine façon comme son double, puisqu'il a épousé sa veuve (p. 205). Sa conviction d'être étranger à l'affaire explique enfin qu'il s'adresse publiquement aux Thébains, comme pour lancer un appel à témoin.

Un discours tragiquement imprudent

Aux yeux du lecteur, le discours d'Œdipe se colore d'une forte ironie tragique. En maudissant le coupable, Œdipe se maudit lui-même. Lui ne le sait pas encore, mais le public le sait déjà. Dans ce contexte d'inégale répartition des informations, les propos d'Œdipe deviennent tragiquement imprudents: «Si d'aventure je venais à l'admettre [le coupable] consciemment à mon foyer, je me voue moi-même à tous les châtiments que mes imprécations[2] viennent à l'instant d'appeler sur d'autres» (p. 205). De même, Œdipe s'approche inconsciemment de la vérité, lorsqu'il déclare: «C'est moi dès lors qui lutterai pour lui, comme s'il eût été mon père» (p. 206). Ce qui n'est dans son esprit qu'une hypothèse parfaitement invraisemblable («comme si») deviendra l'exacte réalité.

---

1. Pythô est l'autre nom de Delphes.
2. «Imprécations»: malédictions.

Premier affrontement

RÉSUMÉ

Guidé par un enfant, l'aveugle Tirésias refuse d'abord de parler. Œdipe s'emporte, le menace, le soupçonne d'avoir commandité le meurtre de Laïos. Sinon, pourquoi se tairait-il ? Tirésias se décide alors à dire ce qu'il sait. Le criminel, le responsable de la colère des dieux et des maux de Thèbes, c'est Œdipe lui-même.

Œdipe s'indigne. Tirésias ignore-t-il que, lui, Œdipe n'était pas encore à Thèbes quand fut tué Laïos ? Tirésias réitère ses dires. Il laisse même entendre qu'Œdipe est non seulement un régicide, mais un parricide et un incestueux : « Sous quel toit tu vis, en compagnie de qui ? — sais-tu seulement de qui tu es né ? » lui demande-t-il (p. 212). Œdipe le chasse. Tirésias se retire en lui prédisant les pires malheurs.

REPÈRES POUR LA LECTURE

Une symétrie de situation

Œdipe et Tirésias sont dans une situation qui les rend à la fois semblables et en tous points opposés l'un à l'autre. C'est le propre de la symétrie.

Chacun, dans son domaine, détient une autorité absolue : elle est politique chez Œdipe, religieuse chez Tirésias. Leur prestige est immense. Tirésias sait tout, « même ce qui demeure interdit aux lèvres humaines » (p. 207). Œdipe règne sans conteste ni partage sur Thèbes.

Tous deux n'en sont pas moins différents l'un de l'autre. L'aveugle Tirésias[2] « voit » la vérité. Œdipe qui, lui, voit, vit dans l'ignorance. À la cécité physique du devin répond la cécité morale du roi.

Un affrontement dramatique

Sur le plan dramaturgique[3], leur entrevue correspond à ce que les Grecs nommaient l'*agôn*, c'est-à-dire une scène où deux

1. De l'entrée en scène de Tirésias (p. 207), jusqu'à sa sortie (p. 213).
2. Sur les causes de la cécité de Tirésias, voir le chapitre 5 p. 53.
3. Par *dramaturgie*, on désigne les règles et la technique présidant à l'organisation et à l'écriture d'une pièce de théâtre.

personnages s'affrontent dans deux tirades suivies de courtes répliques. C'est une lutte verbale.

La progression dramatique s'effectue en trois temps:

- d'abord Tirésias refuse de parler, non par ignorance, mais par épouvante;
- ensuite, sous le coup de la colère, Œdipe impute le refus de Tirésias à une manœuvre politique, avec la complicité de Créon, pour le chasser du trône; il en vient même à douter de la science divinatoire de Tirésias; Œdipe s'égare;
- enfin, piqué au vif, Tirésias parle. Ses révélations vont croissant: il passe progressivement de l'accusation, explicite, de régicide à celle, implicite, de parricide et d'inceste (pp. 211 et 212). Ces accusations revêtent en outre une forme de plus en plus énigmatique pour Œdipe. Ce sont des questions: «Sais-tu seulement de qui tu es né?» (p. 213). Bien que considéré comme un expert en énigmes, depuis sa victoire sur le Sphinx, Œdipe ne comprend pas. Son aveuglement est complet. S'il semble l'emporter sur Tirésias en lui ordonnant de se retirer, sa supériorité n'est qu'apparente. Tirésias en effet se retire en prophétisant à Œdipe incrédule ce qui l'attend (p. 213).

Un *exemplum* de héros tragique

Œdipe est, dans cette scène, le type même du héros tragique, à un point tel qu'il peut en être l'illustration ou la définition. Au faîte de sa puissance, Œdipe est déjà au comble du malheur (même s'il ne le sait pas encore). Non par un effet de contraste ou d'opposition, mais par un effet de réversibilité : «C'est ton succès pourtant qui justement te perd» (p. 212), lui dit Tirésias.

Le héros tragique est celui qu'accable un malheur exceptionnel au moment même où il s'estime dans la plénitude de son bonheur. La prise de conscience n'en sera que plus douloureuse et pathétique. Le ressort de la tragédie est donc le revirement, le changement d'une chose en son contraire ou, si l'on préfère, l'histoire d'une chute

Lyrisme et perplexité du Chœur

RÉSUMÉ

Le Chœur chante sa confiance dans la justice divine, qui, déjà, s'apprête à frapper le coupable. Mais qui précisément ? Le Chœur avoue ne savoir que penser des accusations du devin. Certes, Tirésias ne s'est à présent jamais trompé, mais sa science est-elle pour autant infaillible ?

REPÈRES POUR LA LECTURE

Une intervention lyrique

Cette deuxième intervention du Chœur accentue l'aspect musical de la tragédie de Sophocle (et de la tragédie grecque en général). Le Chœur se fait d'abord lyrique. En se retirant, Tirésias annonçait la réalisation de sa prophétie (p. 213). La justice des dieux est donc déjà à l'œuvre. Fort de cette certitude, le Chœur célèbre la « clairvoyance » des dieux. Les procédés stylistiques accentuent l'impact poétique. Présence d'anaphores[1] : « Déjà » (pp. 213 et 214) ; de nombreux parallélismes : « Solitaire et misérable dans sa fuite misérable... » (p. 214). Les images (comparaisons et métaphores) abondent : « plus robustes que ceux des cavales qui luttent avec les vents » ; Zeus, « armé de flammes et d'éclairs » (p. 213). Enfin le Chœur actualise la fuite du coupable qu'il décrit à l'indicatif présent. La vision s'en impose à l'esprit du spectateur ou du lecteur, selon le principe de l'hypotypose[2].

Un aveu de perplexité

Si le Chœur ne nourrit aucun doute sur l'arrestation du coupable, il s'interroge cependant sur l'identité de celui-ci. Le champ lexical de l'indécision est d'une extrême variété : « Que dire ? Je ne sais. Je flotte au vent » (p. 214) ; « Rien ne l'atteste » (p. 214).

---

1. Une *anaphore* : répétition d'un mot (ou d'un groupe de mots) en début de vers ou de phrase.
2. *L'hypotypose* : ensemble des procédés d'écriture qui fait voir (impose à l'esprit du lecteur) une scène, un événement.

Le recours à la logique et à la raison ne l'éclaire pas davantage. Tirésias est certes un devin fort savant. Mais aucun « savoir humain » n'est infaillible. Et comment accuser Œdipe sans preuve ?

PAGES 215 À 219[1]

Affrontement entre Œdipe et Créon

RÉSUMÉ

Créon, frère de la reine Jocaste, s'indigne de ce qu'Œdipe le suspecte d'avoir manigancé un complot avec Tirésias afin de s'emparer du pouvoir.

À peine l'aperçoit-il qu'Œdipe le traite de « rebelle ». Créon tente de se justifier. Il est dénué de toute ambition politique. Quel serait d'ailleurs son intérêt ? Comme frère de la reine, il obtient tout ce qu'il veut sans avoir à supporter les charges et les peines du pouvoir.

Œdipe reste cependant convaincu que Créon est un « rebelle » qui complote contre lui et décide de le faire exécuter.

REPÈRES POUR LA LECTURE

Une scène de procès

L'affrontement entre Œdipe et Créon découle du précédent, entre Œdipe et Tirésias. Œdipe avait interprété les révélations de Tirésias comme une manœuvre politique, ourdie avec la complicité de Créon. Ainsi s'explique la réapparition de ce dernier, qui revient sur scène pour se justifier d'un soupçon déshonorant (p. 215). La cohérence de l'action est donc totale.

Le face-à-face des deux hommes prend la forme d'un débat judiciaire. D'abord du point de vue de la situation des personnages : Œdipe est en position d'accusateur, Créon d'accusé. Ensuite du point de vue du déroulement de l'action : à un interrogatoire succèdent un plaidoyer *pro domo*[2], puis un réquisitoire.

---

1. Depuis : « Créon : On m'apprend, citoyens... » (p. 215), jusqu'à « l'apparition de Jocaste » (p. 219).
2. « Un plaidoyer *pro domo* » : une auto-justification.

Un interrogatoire tendu

L'interrogatoire est d'abord mené par Œdipe. C'est lui qui pose les questions et presse Créon, par d'impératives injonctions, de s'expliquer : « parle » (p. 216), « ne commence pas » (p. 216).

L'extrême vivacité des échanges est rendue de plusieurs façons :
– par le procédé de la stichomythie[1] : les répliques sont brèves et s'enchaînent sur un rythme rapide ;
– par des parallélismes de construction et des reprises :

> CRÉON : Sur ce point justement, commence par m'écouter.
> ŒDIPE : Sur ce point justement, ne commence pas... » (p. 216) ;
>
> CRÉON : Si vraiment tu t'imagines...
> ŒDIPE : Si vraiment tu t'imagines... » (p. 216) ;

– par des interruptions de l'interlocuteur (p. 216) ;
– par la violence du vocabulaire : « assassin », « lâcheté », « sottise » (p. 215) ; « arrogance sans raison » (p. 216) ;
– par le fait enfin que cet interrogatoire ne modifie pas les positions en présence : Œdipe reste persuadé de la trahison de Créon ; Créon, outre qu'il ne parvient pas à se justifier, demeure convaincu qu'Œdipe a perdu la raison.

Le plaidoyer *pro domo* de Créon

Pour renverser la situation à son avantage, Créon se lance dans une longue plaidoirie auto-justificatrice, qui est un modèle de stratégie argumentative.

Il en appelle d'abord au bon sens et à la raison de son interlocuteur (« Réfléchis à ceci », p. 217). Sa démonstration est celle d'un raisonnement *a contrario* : il bénéficie des avantages du pouvoir sans en supporter aucune de ses servitudes. Pourquoi, dans ces conditions, souhaiterait-il devenir roi à la place d'Œdipe ? Créon procède par des questions de type oratoire – c'est-à-dire des questions dont la réponse est incluse dans leur formulation. C'est obliger Œdipe à répondre de lui-même, dans le sens que souhaite Créon.

---

1. Au sens strict, la *stichomythie* est un dialogue dont chaque réplique ne compte qu'un vers. Par extension, le mot désigne tout échange vif et rapide.

Dans un deuxième temps, Créon en appelle à sa fidélité passée pour protester de sa fidélité présente. « La preuve ? » S'il avait voulu comploter contre Œdipe, il ne lui aurait pas consciencieusement rapporté l'oracle d'Apollon. Or c'est ce qu'il a fait. Œdipe peut le vérifier.

Créon use enfin d'arguments moraux et de saine justice. On ne condamne pas sur un « soupçon », sur un « malentendu » : « Rejeter un ami loyal, c'est en fait se priver d'une part de sa propre vie » (p. 218).

En bon avocat, Créon renverse l'accusation : soupçonné d'être un « félon », il conclut en se présentant comme un « être loyal ».

Si habile que soit son plaidoyer, Créon échoue pourtant. Œdipe ne veut rien entendre. La tension dramatique est plus d'autant grande qu'Œdipe menace de faire exécuter Créon (p. 219).

PAGES 219 À 220[1]

Première apparition de Jocaste

RÉSUMÉ

Alertée par le bruit de l'affrontement entre les deux hommes, Jocaste accourt pour les séparer, puis apaise la querelle.

REPÈRES POUR LA LECTURE

Une intervention apaisante et presque maternelle

Le passage est d'autant plus important que c'est la première apparition de Jocaste. Son intérêt est triple :

– sur le plan dramatique, Jocaste met fin à l'affrontement de Créon et d'Œdipe qui risquait de déboucher sur une catastrophe ;

– Jocaste apparaît en reine, consciente de ses responsabilités. Elle rappelle les leurs aux deux hommes : « N'avez-vous pas de honte, lorsque votre pays souffre ce qu'il souffre, de remuer ici vos rancunes privées ? » (p. 219) ;

– son rappel à l'ordre ressemble enfin à celui d'une mère à ses enfants. Elle les renvoie respectivement chez eux. Comme deux enfants, Créon et Œdipe protestent de leur droit respectif, mais finissent par obéir.

1. De l'apparition de Jocaste (p. 219), à l'intervention du Chœur (p. 220).

PAGES 220 ET 221

Supplique du Chœur

RÉSUMÉ

Tout en renouvelant sa fidélité à Œdipe, le Chœur ne lui en demande pas moins d'épargner Créon. Un soupçon n'est pas une preuve. Et Créon n'est-il pas son beau-frère ?

REPÈRES POUR LA LECTURE

Un appel à la raison

Cette intervention du Chœur correspond à ce que les Grecs nommaient le *kommos* : un dialogue (à l'époque, chanté) entre les choreutes[1] et les personnages.

Le Chœur joint ses efforts à ceux de Jocaste afin d'apaiser la querelle entre Œdipe et Créon (« Cède à sa prière », p. 220). Sa supplique, son serment de fidélité au roi convainquent Œdipe de revenir sur sa décision de faire exécuter Créon : il se résout à le faire exiler.

Mais il s'agit moins d'un acte de clémence ou de générosité que d'une résignation. Œdipe ne peut ignorer les réactions et la prière du Chœur, qui représente la ville. Aussi cède-t-il, tout en faisant remarquer que Créon reste « l'objet de [sa] haine » (p. 220).

PAGES 221 À 227[2]

Les révélations inquiétantes de Jocaste

RÉSUMÉ

Jocaste cherche à rassurer son mari. Elle lui dit posséder la preuve qu'il ne peut être le meurtrier de Laïos. Un oracle avait en effet prédit à Laïos qu'il mourrait de la main de son fils. Or, d'une part, Laïos

1. Depuis : « Jocaste : Au nom des dieux... » (p. 221), jusqu'à : «... que ne sois, moi, prête à faire. » (p. 227)
2. « Choreute » : un membre du Chœur.

a été assassiné par plusieurs brigands et, d'autre part, il a abandonné son fils, sitôt né, sur le mont Cithéron. L'oracle – ou plus exactement le devin qui s'en prétendait l'interprète – s'est donc trompé.

Mais plus Jocaste s'efforce d'apaiser les craintes d'Œdipe, plus celui-ci s'inquiète. À sa demande angoissée, Jocaste lui détaille les circonstances de l'assassinat, du moins ce qu'elle en sait d'après le rapport que lui en a fait l'unique survivant du drame.

Déjà âgé, Laïos était dans un chariot que cinq hommes escortaient. L'attaque se produisit au croisement des routes de Delphes et de Daulia. C'était peu avant qu'Œdipe ne triomphe du Sphinx et n'arrive à Thèbes.

Œdipe demande qu'on recherche au plus vite ce témoin et explique pourquoi à Jocaste. Durant son enfance, lors d'un banquet, un convive l'avait traité d'« enfant supposé » (p. 224). Voulant savoir si Polybe, roi de Corinthe, était bien son père et si Mérope était sa vraie mère, il s'était discrètement rendu à Delphes consulter l'oracle d'Apollon.

Le dieu n'avait pas daigné lui répondre sur ce point, mais il lui avait prédit le plus lamentable destin : lui, Œdipe, épouserait sa mère, engendrerait une race monstrueuse et tuerait son père.

Pour échapper à ce sort, Œdipe avait décidé de ne plus revoir ses parents et de ne jamais retourner à Corinthe. Il avait marché au hasard. Près d'un croisement, un chariot lui avait barré la route. Une rixe s'en était suivie. Il avait tué ses adversaires, à l'exception d'un seul qui s'était enfui. Parmi ses victimes figurait un vieillard. Ne peut-il pas être le meurtrier de Laïos ?

Voilà pourquoi Œdipe tient à interroger l'unique survivant du combat. Si celui-ci confirme que les assaillants de Laïos étaient plusieurs, son innocence éclatera.

REPÈRES POUR LA LECTURE

Un renversement dramatique

L'entretien de Jocaste et d'Œdipe est techniquement construit sur le procédé du renversement : l'effet produit est l'inverse du but recherché. Plus Jocaste s'efforce de rasséréner Œdipe, moins elle l'apaise.

Les preuves, qu'elle prétend apporter de l'innocence de son mari, se changent en autant de motifs de crainte et d'indices de culpabilité.

Ce renversement rythme la progression de la scène: – «Ah! comme à t'entendre, je sens soudain, ô femme, mon âme qui s'égare» (p. 222), s'exclame Œdipe suite aux premières informations que Jocaste lui donne sur la mort de Laïos.
– «Ah! cette fois tout est clair!...» (p. 223), s'écrie-t-il après qu'elle lui a livré plus de précisions sur le chariot et son escorte.
«Tout cela, je l'avoue, m'inquiète» (p. 226), commente le Chœur après le récit d'Œdipe.

On assiste donc à la montée progressive de l'angoisse.

Une inquiétude pathétique

Œdipe n'est plus le roi orgueilleux et colérique qu'il était devant Tirésias et Créon. L'horreur et l'angoisse qu'il éprouve devant une vérité que tout à la fois il commence à soupçonner et qu'il craint de découvrir, le rendent pathétique.

Le champ lexical de l'épouvante est varié et constant: «Ma raison qui chancelle» (p. 222); «Malheureux, je crains»; «Je perds terriblement courage» (p. 223)...

Pour surcroît de détresse, Œdipe prend conscience qu'en maudissant les meurtriers de Laïos, il s'est peut-être maudit lui-même: «C'est moi-même qui me trouve avoir lancé contre moi-même les imprécations que tu sais.» (p. 225).

Le spectateur qui en sait davantage sur Œdipe qu'Œdipe n'en sait sur lui-même, ne peut que le prendre en pitié. Le «malheureux» n'est en effet qu'au début de son enquête.

Un espoir vain

L'entrevue s'achève sur une ultime note d'espoir: l'unique survivant et témoin du drame innocentera peut-être Œdipe. Mais plusieurs indices rendent cet espoir illusoire aux yeux du spectateur (ou du lecteur):
– D'abord la fuite précipitée de ce témoin qui s'est depuis cantonné dans une solitude et un mutisme complets. Pour quelles raisons, sinon inquiétantes?

– Ensuite le silence de Jocaste sur son propre rôle, ou sur ses réactions, lors de l'abandon du fils de Laïos, dont elle est la mère. Jocaste dit-elle vraiment tout ce qu'elle sait ou redoute ?
– Enfin le silence des deux époux sur un détail physique que l'un et l'autre connaissent : le fils de Laïos fut, aux dires mêmes de Jocaste, transporté sur le mont Cithéron, les talons liés (p. 222). Or la ligature a laissé des traces – des traces semblables à celles qu'Œdipe porte aux pieds[1].

PAGES 227 ET 228

Prière du Chœur

RÉSUMÉ

Horrifié par ce qu'il vient d'entendre, le Chœur supplie le « Destin » de le maintenir dans le droit chemin et dans l'obéissance aux lois divines. Malheur à celui qui, par orgueil et « démesure », les transgresse, « sans crainte de la justice » ! Zeus le châtiera.

REPÈRES POUR LA LECTURE

L'invocation du Chœur

Ce chant du Chœur est une prière, comme le montre la formule optative initiale : *« Ah ! fasse le Destin que... »* (p. 227). Les invocations aux divinités abondent par ailleurs. Par cette prière, le Chœur se présente comme le gardien fidèle et respectueux des lois morales et religieuses : « Dieu est ma sauvegarde et le sera toujours » (p. 227). Aussi maudit-il les impies et les sacrilèges : « Le respect des dieux s'en va » (p. 228). Sur le registre lyrique, le Chœur s'érige en juge.

La faute tragique

Surtout, celui-ci définit ce qui, dans la tragédie grecque, constitue par excellence la faute tragique : la « démesure » (l'*hybris*) qui, poussant l'homme à dépasser les limites imposées par la nature, appelle

1. Cette mutilation a reçu diverses explications. Tantôt elle provient de la manière dont on aurait transporté le nourrisson : par un crochet ou un bâton ; des traces en seraient restées. Tantôt il s'agit non plus d'une mutilation mais d'une malformation. En grec, *œdipe* signifie « le boiteux ».

un inéluctable châtiment. Sacrilège, ce fol « orgueil » est aussi tyrannique. Voilà Œdipe dépeint, bien que son nom ne soit pas expressément cité. En s'affranchissant de leurs lois, Œdipe défie les dieux.

PAGES 229 À 235[1]

Une fausse bonne nouvelle

RÉSUMÉ

Survient un Messager de Corinthe qui informe Œdipe du décès naturel de Polybe. La nouvelle soulage malgré tout Œdipe et dément les prédictions de l'oracle.

Pour autant, Œdipe n'est pas complètement apaisé. Sa mère Mérope vit encore et tant qu'elle vivra, il redoutera de devenir incestueux. N'est-ce pas ce que l'oracle lui a aussi prédit ?

Pour, pense-t-il, définitivement le rassurer, le Corinthien lui révèle que... ni Polybe ni Mérope ne sont ses vrais parents. Il est un enfant trouvé dans le Cithéron. Un berger le recueillit à peine né, le remit à lui, le Corinthien, qui le confia à son tour à Polybe et à Mérope, qui se désespéraient de ne pas avoir d'enfant.

Après ces révélations, Œdipe presse le Corinthien de questions. Qui est ce berger? Vit-il encore? Que sait-on de lui? Aux dires du Corinthien, il appartenait aux « gens » de Laïos. Œdipe ordonne qu'on le fasse rechercher au plus vite.

Jocaste le lui déconseille fermement. Ne vaut-il pas mieux ne rien savoir? Redouterait-elle de découvrir qu'elle a épousé un « fils d'esclave » ? lui réplique Œdipe. Elle ne déchoirait pas pour autant. Une dernière fois, Jocaste le supplie de ne rien entreprendre : « Ah ! puisses-tu jamais n'apprendre qui tu es ! » (p. 235). Elle rentre « éperdue » dans le palais, tandis qu'Œdipe échafaude de nouvelles et folles hypothèses. Est-il un fils d'esclave ? Ou, plutôt, n'est-il pas le fils de « Fortune la Généreuse », c'est-à-dire d'un dieu ?

1. Depuis : « Le Corinthien : Étrangers, pourrais-je savoir... » (page 229), jusqu'à : « Œdipe :... savoir de qui je suis né ? » (p. 235).

Coup de théâtre et renversement de situation

L'arrivée du Corinthien constitue un coup de théâtre. Le décès de Polybe semble donner raison à Jocaste, depuis longtemps sceptique sur la validité des oracles. À ce stade, la tragédie paraît tourner court.

Mais, en habile dramaturge, Sophocle fait rebondir l'action par les explications ultérieures du Messager. D'où une série de renversements :
– du soulagement à l'angoisse, chez le spectateur ;
– de l'angoisse au soulagement, chez Œdipe ;
– de la tranquillité aux mises en garde et au silence inquiétant de Jocaste.

Un tournant de l'enquête

Agent involontaire du Destin, le Corinthien donne à l'enquête une orientation décisive. La question n'est plus : qui a tué Laïos ? mais qui est Œdipe ? Certes, c'est la même question, mais posée différemment. Cependant Œdipe l'ignore et sa hâte de résoudre le mystère de sa naissance devient compréhensible. L'enquête va donc s'accélérer. Œdipe connaît l'origine de son nom : « pieds enflés[1] ». Il lui reste à découvrir l'essentiel, c'est-à-dire le plus monstrueux.

Un sommet tragique

Si compréhensible que soit son impatience, Œdipe n'en court pas moins à sa perte. Il la précipite et, par là-même, il devient autant victime que responsable de son malheur. Ce qui le pousse en effet, c'est de nouveau l'*hybris*, la « démesure », qui le convainc de sa naissance divine.

Le malentendu entre les deux époux est par ailleurs total. Œdipe attribue les avertissements de Jocaste à la honte d'une mésalliance. En réalité, elle a depuis longtemps reconnu son fils en Œdipe aux « pieds enflés ». C'est son douloureux secret : « C'est assez que je souffre, moi » (p. 234). Par amour, elle s'efforce de le défendre contre lui-même.

---

1. Voir p. 26, note 1

Avec le piège qui se referme sur Œdipe, avec l'attitude pathétique de Jocaste qui se mure finalement dans le silence, la scène atteint un sommet tragique.

PAGES 235 ET 236

Fol espoir du Chœur

RÉSUMÉ

Gagné par l'ivresse d'Œdipe, le Chœur se demande de quel dieu celui-ci peut être le fils : de Phébus ? d'Hermès, né sur une montagne, comme Œdipe sur le mont Cithéron ? Bacchus le recueillit-il « comme fils des mains d'une Nymphe » (p. 236) ? La gloire du Cithéron sera bientôt comparable à celle de l'Olympe où séjournent les dieux !

REPÈRES POUR LA LECTURE

Le refus du tragique

L'hypothèse d'une origine divine d'Œdipe ouvre une nouvelle perspective, plus heureuse que celle prédite par l'oracle. En effet, si elle est vraie, le tragique s'éloigne : Œdipe ne peut tuer son père.

« Si je suis bon prophète, si mes lumières me révèlent le vrai... », chante le Chœur (p. 235). La proposition conditionnelle résonne presque ironiquement. Comme Œdipe, le Chœur s'égare. L'avenir le démontrera, le présent le suggère déjà : trop optimiste, le Chœur néglige les réactions de Jocaste. Plus rude sera la désillusion...

PAGES 236 À 239[1]

L'instant de vérité

RÉSUMÉ

Survient le berger qu'Œdipe a mandé. Le Coryphée (le chef du Chœur) le reconnaît aussitôt comme l'un des serviteurs du roi Laïos. Le Corinthien l'identifie, de son côté, comme l'homme qui lui remit

1. Depuis l'arrivée du « vieux berger » (p. 236), jusqu'à : «... le meurtrier de qui je ne devais pas... » (p. 239).

jadis un nouveau-né. Œdipe presse le vieillard de questions. Le Serviteur élude et finit, sous la menace, par parler. Le nouveau-né était le fils de Laïos. C'est Jocaste qui le lui avait remis pour qu'il le tue. Le courage lui ayant manqué, il avait donné l'enfant au Corinthien pour qu'il l'emporte le plus loin possible.

Œdipe sombre dans un désespoir absolu et «se rue dans le palais». L'oracle avait donc dit vrai.

REPÈRES POUR LA LECTURE

Une attente dramatique

L'enquête arrive à son terme: c'est l'instant de vérité, que chacun redoute. Cette vérité n'est pourtant pas délivrée d'emblée. Les réticences du Serviteur ménagent l'intérêt dramatique: il somme le Corinthien de se taire, supplie Œdipe de ne pas l'interroger, regrette de ne pas être mort. Ce sont autant de procédés de retardement qui accroissent la tension et l'inquiétude. Si le Serviteur préfère mourir que parler, c'est qu'il détient un atroce secret!

Dire le tragique

Autant que la vérité, importe la manière dont elle est dite. Comment exprimer l'horreur et l'indicible? Plus l'on s'approche de la révélation du parricide et de l'inceste, plus la scène devient d'une sobriété nerveuse.

Les questions d'Œdipe se font sèches, précises, parfois réduites à un groupe nominal: «De qui?»; «Esclave?... ou parent du roi?» (p. 238); «Dans quelle intention?» (p. 239). C'est aller à l'essentiel.

Les réponses du Serviteur recourent à la litote[1]: «Il *passait* pour son fils» (p. 239) – et non «était son fils» ou «tu es son fils». Il ne nomme pas Jocaste, mais dit «ta femme». Et c'est Œdipe qui prononce le mot de «mère» (p. 239). La vérité est en elle-même trop monstrueuse pour qu'elle nécessite des effets oratoires. Rien n'est plus pathétique que la simplicité atroce de ces répliques, qui forment presque un duo:

> LE SERVITEUR: Hélas! j'en suis au plus cruel à dire.
> ŒDIPE: Et pour moi à entendre.» (p. 239).

1. «Litote»: procédé qui consiste à atténuer la force des mots pour leur donner plus de vigueur.

Le désespoir d'Œdipe

La scène s'achève sur un cri d'Œdipe à double sens : « Ah ! lumière du jour, que je te voie ici pour la dernière fois... » (p. 239). L'interprétation la plus immédiate est de conclure à la décision d'Œdipe de se suicider. Celui-ci prend conscience de toute l'horreur de sa situation :

> ...je me révèle le fils de qui je ne devais pas naître, l'époux de qui je ne devais pas l'être, le meurtrier de qui je ne devais pas tuer ! (p. 239)

Le rythme ternaire de la phrase, le parallélisme des formules (« de qui je ne devais pas »), la gradation dans la monstruosité (l'origine maudite, l'inceste, le parricide) : tout souligne l'impossibilité de continuer à vivre. La suite montrera une réalité plus atroce encore. Enfin révélé, le tragique n'est pas pour autant épuisé.

PAGES 239 ET 240

Lamentations du Chœur

RÉSUMÉ

Le Chœur plaint Œdipe. Roi de Thèbes, puissant, honoré pour avoir naguère délivré la ville, époux heureux et père comblé, Œdipe est maintenant le plus infortuné des hommes. Comment, désormais, estimer « heureux qui que ce soit parmi les hommes » (p. 240), si le plus envié se révèle le pire des criminels ?

REPÈRES POUR LA LECTURE

Une déploration lyrique

Il s'agit d'une lamentation du Chœur, comme l'indique l'étendue du champ lexical de la plainte : « pauvres générations », « malheureux Œdipe », « plus malheureux que toi », « désastres, misères plus atroces ».

Cette longue déploration relève du registre lyrique :
- par ses apostrophes multiples : aux « générations humaines », à Œdipe, à Zeus ;
- par ses accents de commisération : « Ah ! noble et cher Œdipe ! » ;
- par l'opposition du passé et du présent, qui recouvre celle du bonheur et du malheur ;
- par le désespoir personnel du Chœur.

Un *exemplum* philosophique

Lyrique, le Chœur est aussi didactique. Il érige l'« exemple » (le « cas significatif » d'Œdipe) en symbole de la condition humaine, sur laquelle nous sommes conviés à méditer. Si le plus intelligent et le plus heureux est le plus monstrueux, qu'est-ce que le bonheur et la réussite ? Tout n'est dès lors qu'apparence, erreur, « revirement » (p. 240) soudain et vanité. La vie d'Œdipe a valeur de leçon universelle : « Pauvres générations humaines, je ne vois en vous qu'un néant ! » (p. 239).

PAGES 241 À 243[1]

Suicide de Jocaste, mutilation d'Œdipe

RÉSUMÉ

Un Messager annonce au Coryphée le suicide de Jocaste, qui s'est pendue dans la chambre conjugale. Quant à Œdipe, qui s'était précipité sur ses pas, il a arraché les agrafes d'or de la tunique de Jocaste et s'est crevé les yeux. Il apparaît « la face sanglante, cherchant sa route à tâtons », suscitant l'horreur et la pitié du Coryphée.

REPÈRES POUR LA LECTURE

Un récit pathétique

Le suicide de Jocaste et la mutilation d'Œdipe ne sont pas montrés sur scène, mais rapportés dans un récit. Cette narrativisation atténue certes ce qu'une vision directe aurait d'insupportable. Elle n'en est pas moins atroce par ce qu'elle donne d'« effrayant à voir autant qu'à entendre » (p. 243).

Les champs lexicaux de l'ouïe et de la vue sont permanents : Jocaste « appelle », « évoque », « gémit » ; Œdipe va « hurlant », « suppliant », pousse « un cri terrible ».

1. Depuis l'intervention du Messager (p. 241), jusqu'à : « Le Coryphée :... effrayant à voir autant qu'à entendre. » (p. 243).

Les commentaires du Messager soulignent l'atrocité de la scène à laquelle il a assisté : « Tu vas savoir ce qu'a souffert l'infortuné » ; « C'est un spectacle alors atroce à voir » ; « Tu vas contempler un spectacle qui apitoierait même un ennemi ».

Les mots recréent la scène, l'imposent dans toute sa violence à l'esprit du spectateur : ils forment une vaste hypotypose[1].

Avec l'apparition d'Œdipe, les yeux crevés, le pathétique atteint son paroxysme. Comme le Coryphée, le spectateur ne peut éprouver qu'une pitié infinie.

Un récit dramatisé

Au théâtre, où tout en principe doit être représenté et action, tout long récit encourt le risque du statisme. Sophocle l'évite en donnant à sa narration un rythme et une vivacité extrêmes :

– par l'accumulation des verbes de mouvement ;
– par l'insertion du style direct (les paroles d'Œdipe sont rapportées) et indirect libre (les paroles de Jocaste sont rapidement citées) ;
– par la multiplication des interlocuteurs réels (Le Messager s'adresse au Coryphée) et fictifs (Jocaste s'adresse à Laïos) ;
– par la variété des points de vue. Le récit est rapporté à travers les yeux du Messager, mais aussi à travers les réactions de Jocaste et d'Œdipe.

PAGES 243 À 246[2]

Le désespoir d'Œdipe

RÉSUMÉ

Saisi d'effroi par ce sanglant spectacle autant que par l'horreur des crimes d'Œdipe, le Coryphée plaint Œdipe de vivre encore. Œdipe souhaite lui-même n'avoir jamais vécu. Pourquoi un berger le recueillit-il sur le mont Cithéron ? En lui sauvant la vie, il a fait de lui « le maudit des maudits » (p. 244).

---

1. Voir p. 19, note 2.
2. Depuis : « Œdipe : *Ah ! nuage de ténèbres !* » (p. 243), jusqu'à « … sur notre pays » (p. 246).

Effroi et commisération du Chœur

L'apparition d'Œdipe suscite l'effroi du Chœur: « Oh ! qu'as-tu fait ? » (p. 244), mais aussi sa pitié. Il ne condamne ni n'accable Œdipe : il le plaint. Tout, même la mort, aurait été préférable à ce « malheur au-delà du malheur ». D'où le recours à l'irréel du passé :

> LE CORYPHÉE : « Comme j'aurais voulu que tu n'eusses rien su ! »
> ŒDIPE : « Moi aussi, c'eût été mon vœu. » (pp. 244-245).

Les raisons d'Œdipe de se mutiler

Le Coryphée assure dans ce passage une fonction d'utilité dramatique. Ne comprenant pas pourquoi Œdipe ne s'est pas suicidé, il le pousse à s'expliquer.

– Œdipe s'est volontairement mutilé : « aucune autre main n'a frappé que la mienne », (p. 244). Face aux dieux qui l'ont voué au destin le plus atroce, Œdipe affirme sa propre liberté. Il s'est puni lui-même. Que cette liberté surgisse dans l'acte même de se châtier accroît le tragique.

– Œdipe s'est rendu aveugle pour ne plus avoir ni sur cette terre ni aux « enfers », la « honte » de contempler ses forfaits à la vue de ses parents et de ses enfants. C'est une manière de s'exclure du monde, des hommes, de la cité ; d'être dans l'ailleurs de la culpabilité.

PAGES 246 À 250[1]

L'aveugle exilé

RÉSUMÉ

Arrive Créon qui exerce désormais le pouvoir. Œdipe le supplie de l'exclure ou, mieux, de le faire tuer. Créon lui répond qu'il veut d'abord consulter les dieux avant de se décider. Œdipe lui demande alors de veiller sur ses deux filles, Antigone et Ismène, et sollicite de les embrasser une dernière fois.

1. Depuis l'entrée en scène de Créon (p. 246), jusqu'à la fin (p. 250).

Œdipe se désole de l'avenir qui les attend. Qui acceptera la compagnie de filles nées d'un père parricide et incestueux? Qui voudra les épouser?

Créon ordonne à Œdipe de regagner le palais, dans l'attente de la décision des dieux, qui fixera son sort.

Le Coryphée tire la leçon de cette tragique journée: «Gardons-nous d'appeler jamais un homme heureux avant qu'il ait franchi le terme de sa vie sans avoir subi un chagrin» (p. 250).

(Fin de la pièce d'*Œdipe roi. Œdipe à Colone,* qui en est la continuation, indique que, sur ordre des dieux, Œdipe a été exilé.)

REPÈRES POUR LA LECTURE

Créon et Œdipe

Cette troisième et dernière rencontre entre Œdipe et Créon est très différente des deux précédentes[1].

Les rapports sont inversés: Créon est le nouveau roi de Thèbes, Œdipe en est le souverain désormais déchu. Le premier, qui ne souhaitait pas le pouvoir, l'assume; le second, qui l'avait tant ambitionné, l'a perdu.

L'attitude de Créon est en outre l'inverse de celle qu'Œdipe avait eue à son égard. Accusé de trahison, menacé de mort puis d'exil, Créon aurait toute raison d'accabler Œdipe: «Je ne viens point ici pour te railler», lui dit-il au contraire (p. 246). Il se montre humain, compatissant, lui ménageant même une rencontre avec ses deux filles. Comme si l'ampleur du malheur d'Œdipe, en dépassant toute imagination, ne pouvait que susciter la sympathie, non l'opprobre, la commisération, non la condamnation. C'est aux dieux que Créon s'en remet pour décider du sort d'Œdipe, alors qu'il pourrait lui-même statuer. Mais, dit-il : «dans la détresse où nous sommes, mieux vaut pourtant nous assurer de ce qui est notre devoir.» (p. 247).

1. La première rencontre a lieu quand Créon rapporte à Œdipe l'oracle de Delphes (voir plus haut, p. 12); et la deuxième, quand Créon tente de se justifier des accusations portées contre lui (voir plus haut, p. 20).

L'exemplaire dignité d'Œdipe

Œdipe, de son côté, a profondément changé. L'orgueilleux qu'il était, fier de son pouvoir et de son intelligence, découvre la modestie, l'inquiétude, l'obéissance. Ayant compris que nul ne peut échapper aux oracles, il se soumet à la volonté des dieux.

Œdipe acquiert par là une dignité exceptionnelle, à la mesure de son malheur. Il assume son sort, sans se plaindre ni accuser le Destin : « N'importe : que mon destin à moi, suive sa route » (p. 248). Il réclame lui-même son châtiment.

Dans sa détresse enfin, il songe aux autres : à Créon et à son « intérêt » (p. 247), à Jocaste dont il confie à Créon le soin de l'ensevelir et surtout à ses deux filles, dont il déplore longuement la condition présente et future :

> Qui, dès lors, vous épousera ? Personne, ô mes enfants, et sans doute vous faudra-t-il vous consumer alors dans la stérilité et la solitude. (p. 249)

Un final pathétique

Tout concourt ainsi à créer, dans cette dernière scène, un climat pathétique. Les adieux du père à ses filles engendrent une émotion douloureuse et compassionnelle,

Œdipe « rentre » dans le palais. Son ultime cri est pour ses filles. Il s'éloigne claudicant, marchant à tâtons, portant le poids d'une indicible souffrance, d'une culpabilité sans limite[1]. Mais sans un mot contre le Destin qui s'est joué de lui.

---

1. Sur la culpabilité d'Œdipe, voir le chapitre 7, p. 66.

DEUXIÈME PARTIE

Problématiques essentielles

1 Sophocle et son temps

Avec Eschyle (vers 525-vers 456 av. J.-C.) et Euripide (vers 484-406 av. J.-C.), Sophocle est l'un des trois grands auteurs tragiques de l'Antiquité grecque. Il naît vers –496 à Colone, une bourgade située près d'Athènes.

La Grèce n'est pas alors un État unifié. Les villes sont des cités indépendantes, souvent en guerre les unes contre les autres pour agrandir leur territoire. La vie de Sophocle coïncide avec l'apogée d'Athènes. Maîtresse d'un vaste empire et du centre de la Grèce, Athènes affirme sa supériorité en tous domaines. Elle invente la démocratie[1], l'Acropole retentit de la construction du Parthénon[2], et sa culture rayonne.

UNE EXISTENCE HEUREUSE

Fils d'un riche propriétaire d'esclaves forgerons et charpentiers[3], Sophocle appartient à la bourgeoisie aisée d'Athènes. Aussi reçoit-il une éducation soignée. Ses talents sont variés : il est, dans sa jeunesse, danseur, musicien, acteur, avant de connaître la gloire comme dramaturge[4].

De son mariage avec une Athénienne, il a un fils, Lophon, qui deviendra comme lui poète tragique. D'une liaison avec Théôris de Sicyone lui naît un second fils[5].

---

1. La démocratie athénienne ne reposait toutefois pas sur le suffrage universel. Seuls les citoyens d'Athènes avaient le droit de participer à la gestion de la ville. En étaient exclus les étrangers, les esclaves et les femmes.
2. Acropole est le nom donné aux citadelles placées au sommet d'une ville. La plus célèbre est celle d'Athènes, sur laquelle fut construit le temple du Parthénon.
3. Les forgerons et les charpentiers avaient, entre autres activités, celle de fabriquer des armes et de construire des navires.
4. Un dramaturge est un auteur de pièces de théâtre, qu'elles soient comiques ou tragiques.
5. Ce second fils sera, à son tour, le père d'un dramaturge, connu sous le nom de Sophocle le Jeune.

Bon vivant, sociable, dévoué à sa cité, Sophocle bénéficie de l'amitié des plus grands et de l'estime générale. À sa mort, vers −406, un auteur comique, Phrynichos, peut sans exagération écrire de lui : « Heureux Sophocle ! Il est mort après une longue vie. Il a eu chance et talent. Il a fait quantité de belles tragédies et il a obtenu une belle fin sans avoir jamais subi aucun malheur. »

UN ESPRIT RELIGIEUX

À l'époque, la religion occupe une place essentielle dans la vie des individus comme dans la cité. S'il n'y a pas d'Église organisée, les dieux sont nombreux et partout honorés. Comme beaucoup de ses concitoyens, Sophocle est un homme pieux. Il est membre d'une confrérie vouée au culte du dieu guérisseur Amynas (le « Secourable »).

À la suite d'une épidémie de peste qui ravage la ville en −430, Athènes décide de faire venir d'Épidaure la statue du dieu Asclépios[1], la plus puissante des divinités guérisseuses. C'est – honneur exceptionnel – Sophocle qui l'accueille chez lui avant que la statue soit installée en grande pompe dans un sanctuaire.

UN HOMME POLITIQUE IMPORTANT

À plusieurs reprises, Sophocle assume des fonctions politiques, preuve de la confiance que lui accordent les Athéniens. En −443, il est « hellénotame », c'est-à-dire administrateur du Trésor de la ville. En −441, il est l'un des douze « stratèges », chargés de définir et de conduire la politique militaire.

À ce titre, Sophocle participe, aux côtés de Périclès[2], à l'expédition punitive contre l'île de Samos[3]. La même fonction lui échoit quelques années plus tard (on ne sait quand exactement) auprès de Nicias[4].

1. Asclépios est le dieu de la médecine, aujourd'hui plus connu sous son nom romain, Esculape.
2. Homme politique athénien, Périclès (495-429 av. J.-C.) fut l'auteur des réformes démocratiques athéniennes, et c'est sous son autorité qu'Athènes affirma sa suprématie économique, politique, militaire et culturelle.
3. Île grecque de la mer Égée, Samos s'était révoltée contre la domination d'Athènes.
4. « Stratège » et homme politique athénien, Nicias mourut à Syracuse en – 413.

À quatre-vingts ans passés, en 413, après le désastre de la flotte athénienne au large de la Sicile[1], Sophocle est l'un des dix « commissaires » chargés de prendre des mesures d'urgence en vue du salut de la ville[2].

UN DRAMATURGE À SUCCÈS

Comme tous les dramaturges de son temps, Sophocle participe à des concours annuels organisés par l'État (voir p. 00), où chaque auteur présente ses œuvres. Selon les témoignages de l'époque, Euripide remporte quatre de ces concours ; Eschyle, treize ; et Sophocle, dix-huit !

Sur les cent vingt-trois tragédies que Sophocle a composées, sept seulement ont été conservées en entier. Des autres pièces ne subsistent que des fragments, parfois un simple titre. C'est dire qu'on ne connaît qu'une infime partie de sa production dramatique.

La datation de ces pièces demeure souvent imprécise. Les *Trachiniennes* et *Ajax* ont été écrits entre 450 et 440 avant notre ère. *Œdipe roi* et *Électre* remontent aux années 430-420 av. J.-C.. Des documents indiquent en revanche qu'*Antigone* fut créée juste avant l'élection de Sophocle comme « stratège », en –441. De même sait-on que *Philoctète* est de –409.

Quant à sa dernière œuvre, *Œdipe à Colone*, elle fut mise en scène pour la première fois en 401, cinq ans après la mort de Sophocle (vers –406), par son petit-fils, Sophocle le Jeune.

1. Se révoltant contre la domination d'Athènes, Sparte déclenche la guerre du Péloponnèse. Mal conseillés, les Athéniens montent une expédition en Sicile pour garder le contrôle des voies maritimes. C'est un désastre.

2. À la suite du désastre de Sicile, un coup d'État instaure à Athènes un conseil dit des Quatre-Cents, qui supprime la démocratie. Ce conseil élit des « commissaires » et, parmi eux, Sophocle. Ce régime sera vite renversé.

UN DEMI-DIEU

Dans la mentalité des anciens Grecs, l'univers obéit à une stricte hiérarchie. Au sommet se trouvent les dieux. Au-dessous d'eux sont des êtres intermédiaires, les « héros ». Ce sont des hommes exceptionnels qui deviennent après leur mort des demi-dieux[1]. Vient enfin le commun des mortels.

Sophocle connut l'honneur suprême de l'héroïsation, d'être élevé au rang des demi-dieux. Pour les Athéniens, il devint *Dexios* (l'« Accueillant »), en souvenir de l'accueil, chez lui, de la statue d'Asclépios.

Quand il meurt, Athènes est assiégée par les armées de Sparte[2]. On raconte que les rangs ennemis s'ouvrirent pour laisser passer la dépouille mortelle de Sophocle. Lui qui avait vécu durant la splendeur et la suprématie d'Athènes n'eut pas à connaître la prise et la décadence de sa ville en −404.

1. Sont également considérés comme des demi-dieux les hommes nés d'un dieu et d'une mortelle ou d'une déesse et d'un mortel.
2. Pendant la guerre du Péloponnèse : voir p. 40, note 1.

2 Du mythe au mythe d'Œdipe

Sophocle n'a pas inventé la légende d'Œdipe, qui existait bien avant lui. Par ses caractéristiques, celle-ci appartient à la catégorie des mythes. Mais, comme toute légende ne constitue pas obligatoirement un mythe, il convient de le définir avant d'analyser celui d'Œdipe.

QU'EST-CE QU'UN MYTHE ?

Les définitions du mythe sont nombreuses tant le mot est riche de sens et lourd de difficultés. Du moins peut-on en dégager assez aisément les traits fondamentaux.

L'origine des mythes

Un mythe ne possède pas de date de naissance précise, ni même d'auteur identifiable. Selon les mythologues et les historiens des civilisations, l'origine des mythes remonte à la préhistoire, à une période antérieure à l'apparition de l'écriture, soit avant le xxe siècle avant notre ère. Avant d'être consigné par écrit, le mythe a sans doute été un récit oral, transmis, au sein d'une communauté, de génération en génération. Un tel mode de transmission favorise l'invention collective, chacun pouvant l'enrichir de ses idées et commentaires.

De là vient qu'on ne peut attribuer la création d'un mythe à un individu précis. Cette tradition orale étant, en outre, impossible à reconstituer, on ne connaît un mythe que par ses versions littéraires, nécessairement plus élaborées et plus tardives. On ne sait pas pour autant qui en écrivit le premier état.

Le temps du mythe

Un mythe relate toujours un événement passé qui s'est produit dans les « premiers âges » du monde. Même si la période ne peut être chronologiquement précisée, les spécialistes distinguent deux temps du mythe :
– le temps anté-historique, lorsque l'événement relaté implique une lutte contre des dieux ou qu'il fait intervenir des êtres fabuleux, souvent monstrueux, comme les Cyclopes, les Centaures ou le Sphinx[1] ;
– le temps historique, mais toujours lointain, lorsque apparaissent des êtres humains dotés de noms propres et d'une destinée individuelle ou lorsque fonctionnent des États organisés.

Le mythe se réfère dans les deux cas à un ordre du monde antérieur à l'ordre contemporain des spectateurs. Il renvoie à un passé.

Le récit mythique

Il ne s'agit pas toutefois de n'importe quel passé, ni de n'importe quel événement. Le récit mythique témoigne de la présence du sacré, du surnaturel ou de l'énigmatique dans le monde des hommes. En ce sens, il se sépare de la fable ou du conte, qui n'impliquent pas obligatoirement la présence du divin ni du mystère.

Tantôt le mythe est totalement religieux. Il se présente alors comme une explication de la création de l'univers. Les Grecs attribuaient, par exemple, à Gaïa (la Terre divinisée) la paternité et la maternité[2] du Ciel (*Ouranos* en grec), des Montagnes et de la Mer (Pontos). Le mythe devient dans ce cas une théogonie (récit qui explique la naissance des dieux et qui présente leur généalogie) ou une cosmogonie (théorie de la formation de l'univers).

Tantôt le mythe décrit une réalité plus humaine, mais appréhendée comme mystérieuse, telle que la mort ou la part du destin, du hasard

---

1. Les Cyclopes étaient des géants n'ayant qu'un œil au milieu du front. Les Centaures étaient des monstres à tête d'homme et à corps de taureau. Le Sphinx était un lion ailé à tête et buste de femme.
2. Gaïa était censée avoir enfanté sans l'aide d'un homme. Elle était donc à la fois père et mère.

et de la liberté, contenue dans chaque existence. Sans totalement disparaître, la présence du sacré devient alors variable et plus ou moins forte.

L'incroyablement vrai

Quel qu'il soit, le récit mythique accumule des faits souvent extraordinaires. Ils ne sont concevables que parce qu'ils se passent dans un temps reculé, aussi mystérieux que prestigieux.

Le mythe ne doit pourtant pas être considéré comme un récit romanesque. Il était au contraire tenu pour vrai par les communautés et les peuples auxquels il s'adressait. C'est d'ailleurs parce qu'il était considéré comme véridique et présentant un intérêt particulier qu'il se transmettait et qu'il a fini par être retranscrit. Étudier un mythe, c'est accepter d'emblée l'idée que rien n'est faux, ni contradictoire, ni anormal. Le mythe ignore la logique et la rationalité scientifiques.

La puissance du mythe

Le mythe, enfin, est mythe parce que, par-delà les siècles, il touche au plus profond de la sensibilité et de la conscience. L'histoire relatée personnalise en un événement singulier une émotion, une interrogation, une inquiétude ou un comportement commun à tous. Tout mythe possède donc une forte charge affective. Dès qu'il la perd, son pouvoir de fascination cesse. Le mythe ne vit que par l'emprise qu'il exerce sur ses lecteurs ou sur ses auditeurs.

EN QUOI LA LÉGENDE D'ŒDIPE EST-ELLE UN MYTHE ?

Remontant à un passé lointain, la légende d'Œdipe renferme tous les éléments constitutifs d'un mythe.

D'abord le sacré y intervient, même si sa part demeure restreinte. Delphes était le plus grand centre religieux de la Grèce antique. Les oracles d'Apollon y étaient si célèbres qu'on y venait en masse. Ceux-ci jouent par deux fois un rôle dans la légende d'Œdipe. Certes, cette intrusion du divin n'a pas valeur de théogonie ou de cosmogonie[1]. Apollon n'est pas à l'origine de la malédiction contre Laïos ; il se contente de la valider. Mais, si discret soit-il, le sacré est bien présent.

Les aventures d'Œdipe illustrent le passage du mythe anté-historique au mythe historique. La référence au Sphinx, animal fabuleux[2], renvoie en effet à un état primitif et légendaire du récit, où les dieux et les monstres cohabitent avec les hommes. La mention de villes réelles comme Thèbes et Corinthe, la présence d'une organisation politique, monarchique en l'occurrence, relève en revanche de l'histoire.

Le drame d'Œdipe soulève aussi des questions fondamentales, aussi anciennes et éternelles que l'homme. Œdipe, qui sait résoudre l'énigme du Sphinx, ne sait rien sur lui-même, sur ses origines, sur ses actes. Cet être intelligent marche en aveugle. Que savons-nous de nous ? de la portée de nos actes ? Sommes-nous libres ?

Œdipe n'a enfin jamais cessé de vivre dans l'imaginaire des écrivains, du XVIe siècle à nos jours. Le chapitre consacré à l'impact culturel du mythe d'Œdipe (voir p. 83) en montrera la richesse et la vitalité. Ce dernier n'intéresse d'ailleurs pas le seul domaine de la littérature. À la fin du XIXe siècle, Freud (1856-1939), le fondateur de la psychanalyse, a vu dans la destinée d'Œdipe une image de la condition humaine en général (voir plus loin p. 72). Les versions ultérieures de ce mythe, tant françaises qu'allemandes, ainsi que l'interprétation qu'en fait la psychanalyse, attestent l'étrange pouvoir de fascination d'Œdipe. Bien plus, elles finissent par faire partie intégrante du mythe lui-même. Car, dans un mythe, il n'existe pas de version « vraie » dont les autres seraient des copies ou des déformations. Toutes les versions, mêmes contradictoires en apparence, appartiennent au mythe. De fait, il est aujourd'hui impossible de songer à Œdipe sans garder à l'esprit le souvenir de Sophocle, de Freud et même de dramaturges et de romanciers modernes. Il fait partie des éléments fondamentaux de l'imaginaire collectif.

1. Voir p. 43.
2. Voir p. 43, note 1.

3 L'environnement culturel

Il en va de la tragédie comme de toute production littéraire et artistique : aucune œuvre n'est inséparable de son contexte. *Œdipe roi* de Sophocle se situe dans un triple environnement : littéraire, politique et moral.

HISTORIQUE DE LA TRAGÉDIE GRECQUE

Sa chronologie

Pour un lecteur moderne, la tragédie grecque se résume à un siècle : le cinquième ; à un lieu : Athènes ; et à trois noms : Eschyle, Sophocle et Euripide.

Non qu'elle soit née et morte avec eux ; la toute première tragédie daterait de 536 ou de 532 av. J.-C. et, après Euripide, quelque deux cents auteurs auraient continué d'écrire pour le théâtre. Mais si leurs noms sont connus ainsi que, parfois, le nombre de leurs tragédies, leurs œuvres se sont perdues ou subsistent en un état si fragmentaire qu'il est difficile de s'en faire une idée. Aussi est-ce faute de documents que, pour nous, la tragédie grecque tient tout entière dans les soixante-dix ans qui séparent la création des *Perses* d'Eschyle (–472) de la représentation d'*Œdipe à Colone* (–401) de Sophocle. Datant des années 430-420 av. J.-C., *Œdipe roi* appartient donc à la période la mieux connue, et la plus féconde, du théâtre grec.

Ses origines

La tragédie grecque découle selon toute vraisemblance de pratiques religieuses. Le sacrifice d'un bouc lui aurait donné naissance.

En grec *tragos*, d'où vient le mot *tragédie*, signifie « bouc ». Ce sacrifice se rattachait au culte de Dionysos, le dieu du vin. Durant la cérémonie, une chasse donnait lieu à une ronde accompagnée d'une immolation sanglante et d'un chant lyrique, appelé le dithyrambe[1]. Entonné par un Chœur, le dithyrambe évolua, intégrant progressivement des répliques entre les personnages. De son extension et de sa transformation naquit le genre de la tragédie. Du moins Aristote l'affirme-t-il dans sa *Poétique*[2]. L'explication prévalut durant toute l'Antiquité. Elle paraît encore aujourd'hui vraisemblable. La tragédie grecque semble bien avoir eu une origine religieuse et musicale.

Les concours tragiques

On est sûr en revanche que le genre de la tragédie se développa dans le cadre de concours organisés par la cité. Vers la fin janvier et la fin mars, à l'occasion des fêtes de Dionysos, un magistrat de la cité[3] choisissait, parmi les candidats, les dramaturges autorisés à concourir. Chacun d'eux devait présenter quatre œuvres : trois tragédies et un drame satyrique[4]. Les plus riches citoyens assumaient les frais du spectacle. C'était pour eux un honneur. Les autorités de la cité octroyaient aux plus pauvres une indemnité pour leur permettre d'y assister. Un jury représentatif de la cité désignait le vainqueur. En l'étant dix-huit fois, Sophocle fut le dramaturge le plus couronné.

LE MYTHE D'ŒDIPE ET LA RIVALITÉ DES CITÉS

Les rivalités politiques peuvent prendre la forme de rivalités culturelles. Né à Athènes, dont il fut un des dignitaires, Sophocle fut affectivement attaché à sa cité. Son patriotisme s'exprime d'une manière

1. En grec, *dithyrambe* est l'adjectif qualificatif formé sur le nom de Dionysos. De nos jours, le mot est devenu un nom commun : un dithyrambe est un discours très élogieux en l'honneur de quelqu'un.
2. Philosophe grec, Aristote (vers 384-322 av. J.-C.) définit dans sa *Poétique* les principales règles de la tragédie grecque, voir aussi p. 77.
3. Ce magistrat s'appelait l'archonte. Avec huit de ses collègues, il gouvernait la cité, au temps des républiques grecques.
4. *Drame satyrique* : pièce tragi-comique issue du culte de Dionysos.

presque imperceptible pour un lecteur moderne, mais que les contemporains du dramaturge saisissaient immédiatement. À une époque, en effet, où la Grèce n'est pas un pays unifié, où chaque grande ville tente d'imposer son autorité ou son influence, la localisation géographique des événements – dans telle ville plutôt que dans telle autre – n'est pas anodine.

Œdipe et Corinthe

Selon le mythe, repris par Sophocle, Œdipe, recueilli par un berger, passe sa jeunesse à Corinthe. Pourquoi là, et pas ailleurs? L'explication est à rechercher dans l'histoire même de la Grèce. Au VIe siècle – avant donc qu'Athènes ne devienne puissante –, Corinthe est le plus grand centre commercial, terrestre et maritime, du pays. Sa richesse, son luxe, ses courtisanes aussi, sont célèbres. Mais, progressivement Corinthe déclina au profit d'Athènes contre qui elle se dressa durant la guerre du Péloponnèse. Corinthe était la rivale d'Athènes.

Qu'Œdipe soit censé y passer son enfance n'est pas dans ce contexte sans signification. Il y a, sans doute, bénéficié d'une éducation soignée, mais il n'est qu'un Corinthien d'adoption. Dès qu'il conçoit des doutes sur sa naissance, il quitte Corinthe; et, après avoir entendu l'oracle d'Apollon, il refuse d'y retourner. Un Athénien ne pouvait qu'être sensible à cette utilisation symbolique de la géographie. C'était une manière de souligner l'importance en définitive secondaire de Corinthe, ville de passage.

Œdipe et Thèbes

Le choix de Thèbes est encore plus éclairant. Ville de la Grèce centrale, située en Béotie, Thèbes a longtemps été l'ennemie d'Athènes. Alliée aux Perses durant les guerres médiques[1], puis aux Spartiates durant la guerre du Péloponnèse, elle s'efforça de contrer l'influence athénienne. Associer au nom de Thèbes les crimes de

1. Les guerres médiques sont le nom donné par les Grecs aux conflits qui les opposèrent à l'empire perse durant la première moitié du Ve siècle.

parricide et d'inceste dont s'est rendu coupable Œdipe, était un moyen de discréditer la ville et de lui conférer une réputation peu flatteuse.

Œdipe et Athènes

Œdipe roi n'est pas la seule tragédie que Sophocle a consacrée à son personnage. Il en a écrit une suite avec *Œdipe à Colone* (voir l'argument de la pièce ci-dessous p. 00). Ville natale du dramaturge, Colone est un faubourg d'Athènes. Œdipe y est non seulement absous de tous ses crimes, mais il y est divinisé. Sa vie se confond donc avec un trajet facile à reconstituer. Né à Thèbes, élevé à Corinthe, roi maudit de Thèbes, Œdipe trouve la sérénité, le pardon et la gloire à Colone et Athènes. Les versions littéraires et théâtrales du mythe concourent ainsi à défendre le prestige de la ville chère à Sophocle.

4 Œdipe avant *Œdipe roi*

Sophocle n'a pas créé la légende d'Œdipe. L'ampleur des emprunts qu'il a pu faire à ses prédécesseurs s'apprécie malaisément. Trop de documents manquent en effet. Mais, si fragmentaire soit-elle, la connaissance de l'état du mythe avant Sophocle n'est pas inutile.

LES PREMIERS TEXTES

Homère

La plus ancienne source connue est celle d'Homère (deuxième moitié du VIIe siècle avant notre ère).

Dans l'*Odyssée*[1], Ulysse descendu aux enfers y rencontre l'« ombre » de Jocaste. Loin d'être aveugle et exilé, y est-il dit, Œdipe continua de régner sur Thèbes, même après la découverte de l'horrible vérité. Son châtiment est d'ordre moral, puisqu'il vit dans un perpétuel remords.

Eschyle

Eschyle (525-426 av. J.-C.) a consacré une trilogie[2] à la légende d'Œdipe. La première tragédie s'intitulait *Laïos*, la deuxième, *Œdipe*, et la troisième, *Les Sept contre Thèbes*. Seule cette dernière, sans doute jouée au printemps –467, nous est parvenue.

Eschyle insiste sur la faute originelle de Laïos qui, pour avoir aimé le jeune Chrysippos (voir p. 9), voit sa descendance maudite jusqu'à

1. L'*Odyssée* est un long poème qui relate, après la chute de Troie, le retour mouvementé d'Ulysse en Grèce.
2. Une trilogie est un groupe de trois pièces de théâtre sur un même thème ou dont les sujets se font suite.

« la troisième génération ». Laïos, le père, incarne la première ; Œdipe représente la deuxième ; Étéocle et Polynice, ses fils, appartiennent à la troisième. Eschyle insiste donc sur la fatalité qui s'acharne sur Œdipe.

Euripide

Contemporain de Sophocle, Euripide (480-406 av. J.-C.) a composé une tragédie intitulée *Œdipe* dont il ne subsiste qu'un fragment. D'après ce dernier, Œdipe ne s'aveugle pas délibérément, mais ce sont les serviteurs de Laïos qui, sans doute pour venger leur maître assassiné, lui crèvent les yeux. L'action d'une autre tragédie de Sophocle, *Les Phéniciennes*, se situe, quant à elle, après la révélation du parricide et de l'inceste. Œdipe reste à Thèbes, enfermé dans le palais par ses propres fils.

ŒDIPE ROI ET LA TRADITION MYTHIQUE

Pour autant qu'on puisse comparer *Œdipe roi* avec cette tradition, Sophocle a su composer une œuvre à part, qui tranche sur celles de ses prédécesseurs.

La disparition de la faute originelle

Sophocle choisit de ne pas mentionner les raisons pour lesquelles l'oracle d'Apollon condamne Œdipe à un sort épouvantable. Certes, il mentionne plusieurs fois cet oracle mais il n'évoque pas la culpabilité première de Laïos. Œdipe n'est donc plus puni pour les fautes de son père. En choisissant de rejeter dans l'ombre le forfait de Laïos, Sophocle concentre toute la lumière sur Œdipe et sur lui seul.

Une utilisation particulière de l'oracle

L'oracle d'Apollon est une donnée fondamentale de la légende. Aucun auteur ne peut la passer sous silence sous peine de dénaturer le mythe. Il convient qu'Œdipe soit averti à l'avance du sort qui sera le sien.

Mentionner l'oracle ne suffit pourtant pas. Tout dépend en effet de la fonction que le dramaturge lui fait jouer. Deux cas sont possibles :

– L'oracle équivaut à un verdict condamnant Œdipe de toute éternité. Les dieux mènent alors l'action, dont ils sont responsables. Comment un simple mortel se soustrairait-il à leur volonté ?

– L'oracle peut aussi ressembler à une prophétie, à une prévision sans que pour autant tout soit réglé à l'avance. Une prophétie annonce, par définition, ce qui arrivera ; elle ne dit pas comment les choses arriveront.

Ce dernier cas accroît la liberté de manœuvre et d'invention du dramaturge. À l'intérieur du cadre fixe de la légende, il peut agencer les événements à sa guise, en ajouter d'autres ou en supprimer, modifier leur signification. C'est cette route que Sophocle emprunte. Dans *Œdipe roi*, l'oracle ne détermine pas le détail de l'action. Aucun dieu ne dicte à Œdipe ce qu'il doit penser ou faire à chaque instant. Celui-ci n'est pas davantage poussé par une force intérieure qui l'obligerait à agir comme s'il était un automate ou sous l'emprise d'une volonté qui le dépasse. Contrairement à ses prédécesseurs, Sophocle accorde donc une certaine marge d'autonomie à son personnage. L'intérêt philosophique et moral de son œuvre s'en trouve accru, puisqu'il permet une réflexion sur les rapports de la fatalité, de la liberté et, par voie de conséquence, de la culpabilité (voir, pour un plus ample développement, p. 64-72).

Œdipe roi apparaît de la sorte comme une pièce complexe et majeure. Par l'importance et par la profondeur des thèmes abordés, elle résonne de toutes les interrogations de la conscience.

5 Les personnages

D'après la liste des rôles, la pièce comporte neuf personnages. Une représentation en fait toutefois apparaître davantage. Un groupe d'enfants se lamente au début de la pièce, des esclaves accompagnent Œdipe et Tirésias, des servantes entourent Antigone et Ismène venues embrasser leur père. Mais, comme leur rôle est ou bref ou muet, ce sont plus des figurants que de véritables personnages.

Créon, Jocaste et Œdipe sont évidemment les protagonistes de la pièce. On y ajoutera le devin Tirésias qui, s'il joue à bien des égards les utilités, offre un intérêt réel lors de son affrontement avec Œdipe. Le Chœur, personnage collectif, est lui aussi important.

On distinguera ce qui relève de la légende et ce qui appartient en propre à la tragédie de Sophocle.

LE DEVIN TIRÉSIAS

Selon la légende

La cécité de Tirésias provient d'un châtiment divin. Il vit la déesse Athéna[1] se baigner nue ; celle-ci l'a puni en le rendant aveugle. En compensation, elle lui accorda toutefois le don de prophétie. Tirésias devint prêtre d'Apollon, dieu célèbre pour ses oracles[2].

Chez Sophocle

Tirésias conserve son infirmité (sans que la cause en soit rappelée) et son don de divination. Lui-même se dit aux ordres de « Loxias »

1. Fille de Zeus (Jupiter), déesse de la sagesse, de la paix et de la prospérité, elle donne son nom à Athènes.
2. Fils de Zeus, dieu de la musique, de la poésie et de la divination.

(p. 211), qui signifie en grec l'« Oblique». C'est le surnom donné à Apollon en raison de l'ambiguïté de ses oracles.

Sophocle insiste sur la réputation de Tirésias, que le Chœur accueille avec déférence: il le présente comme «l'auguste devin, celui qui, seul, parmi les hommes, porte en son sein la vérité!» (p. 207). D'emblée Tirésias résout l'énigme de l'assassinat de Laïos en désignant Œdipe comme le coupable. La suite de l'intrigue vérifiera ses dires.

La scène qui oppose Tirésias à Œdipe (pp. 207 à 213) offre un double intérêt.

Face au pouvoir politique incarné par le roi Œdipe, Tirésias est le représentant des dieux. Il témoigne de leur existence et de leur pouvoir absolu. Aussi ne craint-il pas les menaces d'Œdipe.

Sur un plan symbolique – mais le spectateur (ou le lecteur) ne le découvre qu'après coup – Tirésias est la figure symétrique d'Œdipe. Le devin est physiquement, et non moralement, aveugle: il sait la vérité. Avant de se crever les yeux, Œdipe est déjà moralement aveugle: il refuse de croire la vérité. Quand il sera obligé de la reconnaître, il sera comme Tirésias: un aveugle qui a besoin matériellement d'être guidé.

CRÉON

Selon la légende

Frère de Jocaste, Créon est, depuis l'assassinat de Laïos, le régent de Thèbes[1]. C'est lui qui promet la royauté et la main de sa sœur au vainqueur du Sphinx, le monstre ayant dévoré, avec beaucoup d'autres Thébains, son fils Hémon. Son histoire personnelle ne commence vraiment qu'après l'exil d'Œdipe, quand, pour garder le pouvoir, il s'opposera aux enfants de ce dernier (voir le chapitre sur Œdipe après *Œdipe roi*, p. 83).

---

1. Un régent gouverne un royaume pendant la minorité, l'absence du roi légitime ou en attendant qu'un nouveau roi soit désigné.

Chez Sophocle

Le dramaturge n'attribue pas à Créon l'idée de la double récompense au vainqueur du Sphinx. Créon est à tous égards un personnage sympathique.

En loyal serviteur, il accomplit la mission que lui a confiée Œdipe: il rapporte fidèlement ce que lui a dit l'oracle d'Apollon. Mais son dévouement n'est pas servilité. Fier, possédant un sens aigu de la justice, Créon n'hésite pas, malgré les risques, à braver Œdipe quand celui-ci l'accuse faussement de vouloir comploter contre lui.

Créon apparaît également comme un sage, amateur des plaisirs de l'existence. L'ambition ne le dévore pas. Être le frère de la reine et le beau-frère du roi lui confère des privilèges qu'il apprécie à leur juste valeur: «Aujourd'hui, dit-il, je me trouve à mon aise avec tous, aujourd'hui chacun me fête» (p. 218). Pourquoi assumerait-il les servitudes du pouvoir? Qu'en obtiendrait-il de plus? Chez lui, la raison et la mesure se conjuguent avec une certaine forme d'aptitude au bonheur[1].

Devenu malgré tout roi de Thèbes à la fin de la pièce après que Jocaste s'est suicidée et qu'Œdipe s'est crevé les yeux, Créon se montre humain et généreux. Il n'accable d'aucun reproche Œdipe qui, pourtant, l'a raillé et insulté le matin même. Il ne le juge pas davantage, ni ne le maudit. Il le prend au contraire en pitié; et il accède à son désir d'embrasser ses filles. Quant au sort d'Œdipe (l'exil ou la mort), Créon s'en remet pieusement aux dieux. C'est le type même de l'homme pondéré, charitable et compatissant. En ce sens, il incarne l'idéal grec.

JOCASTE

Selon la légende

Jocaste n'a guère intéressé la légende. Sa vie se réduit à des faits: veuve de Laïos, roi de Thèbes, et mère d'Œdipe, elle épouse son fils

1. Jean Anouilh (1910-1987) se souviendra de ce trait du personnage quand il le mettra en scène dans son *Antigone* (1943), où Créon apparaît plus sympathique que tyrannique.

en secondes noces, à qui elle donne quatre enfants[1]. Quand elle réalise qu'elle est incestueuse, elle se suicide. Sur son caractère, sur sa psychologie et sur ses sentiments, rien n'est dit. Tout se passe comme si Jocaste subissait son destin. La place secondaire que la femme occupait dans la société grecque explique peut-être cette passivité du personnage et le relatif silence de la légende à son propos.

Chez Sophocle

Le dramaturge ébauche discrètement la personnalité morale de Jocaste. Celle-ci apparaît sincèrement attachée à son mari. Son goût prononcé pour l'apaisement lui permet de réconcilier Œdipe et Créon (p. 219). Convaincue que les mortels ne peuvent interpréter les volontés des dieux, Jocaste ne croit ni aux prophéties ni aux oracles (p. 222). Par crainte du pire ou par refus du tragique, elle incite Œdipe à ne pas éclaircir l'énigme de sa naissance : « De tout ce qu'on t'a dit, va, ne conserve même aucun souvenir. À quoi bon ! » lui dit-elle par exemple (p. 234).

Le plus souvent, toutefois, Jocaste joue un rôle utilitaire. Naguère femme de Laïos, elle est la mémoire vivante de Thèbes. Elle peut à ce titre apprendre à Œdipe ce qui s'est passé lors de l'assassinat de l'ancien roi.

Jocaste est pourtant un personnage passionnant en raison du mystère qui l'entoure et des questions qu'elle soulève. Pourquoi n'a-t-elle pas, sur le moment, encouragé ou ordonné une enquête sur l'assassinat de Laïos ? Était-ce par résignation, par indifférence ou par haine de son mari ? Sophocle n'en disant rien, le lecteur peut imaginer à sa guise les réponses. Jocaste avoue elle-même à Œdipe que Laïos avait décidé d'abandonner son nouveau-né (p. 222). Quelles furent ses réactions ? A-t-elle approuvé, désapprouvé cet abandon ? Fut-elle mise devant le fait accompli ? Quelle signification convient-il enfin d'accorder à son suicide ? La différence de traitement entre elle et Œdipe est éclatante et de prime abord injuste.

1. Les enfants d'Œdipe et de Jocaste sont : deux fils, Étéocle et Polynice ; et deux filles : Antigone et Ismène.

Œdipe, parricide et incestueux, se crève les yeux. Jocaste, qui n'est pas parricide, est, pour le même inceste, punie de mort.

Cette différence illustre-t-elle de nouveau l'infériorité de la condition féminine à l'époque ? La mort de Jocaste paraissait-elle secondaire ? Est-ce, au contraire, de honte et de remords que Jocaste se suicide ? Ou sa disparition est-elle la preuve de sa culpabilité ? Jocaste ignorait-elle vraiment qu'en épousant Œdipe elle épousait son fils ? Comment n'a-t-elle pas remarqué la malformation des pieds de son second mari ? Comment cette malformation ne lui a-t-elle pas rappelé celle du nouveau-né abandonné ? Son insistance à décourager Œdipe d'enquêter sur sa naissance peut d'ailleurs paraître suspecte.

À ces nombreuses questions, on ne peut apporter de raisons claires et définitives. C'est le propre du mythe que de provoquer l'imagination, les interrogations. Jocaste est ainsi une énigme, qui retient d'autant plus l'attention.

ŒDIPE

Selon la légende

Sur la naissance et le passé d'Œdipe, sur la manière dont il triomphe du Sphinx, c'est-à-dire sur tous les événements antérieurs à ceux relatés dans *Œdipe roi*, on se reportera au chapitre 4, p. 50.

Chez Sophocle

Toute l'existence d'Œdipe est construite sur une série de renversements et de confusions.

L'alliance des contraires

Victorieux du Sphinx, Œdipe témoigne de sa profonde intelligence, mais il ne tient pas compte de l'oracle d'Apollon, ni ne comprend le destin qui est le sien. Roi de Thèbes, il est au faîte de la puissance et de la gloire, mais il finit aveugle, exilé, en homme pitoyable et maudit. que même Créon ne peut s'empêcher de plaindre. Époux et père longtemps comblé, il découvre avec stupeur qu'il est incestueux. Courageux et fort au point de s'être attaqué seul à plusieurs adversaires, il s'avère que son héroïsme est monstrueux et parricide. Possédant enfin des yeux pour voir, Œdipe ne voit pas la réalité. Sans cesse, il passe d'un extrême à l'autre.

La superposition et la confusion

Celui qui a su résoudre l'énigme posée par le Sphinx, et qui apparaît donc comme un déchiffreur de mystères, vit en outre dans la plus extrême confusion. Il est à la fois fils et époux de Jocaste, père et demi-frère de ses enfants. L'étrangeté de sa situation s'accroît encore du fait qu'il a tué celui à qui il doit la vie. Œdipe ne dispose d'aucun des repères élémentaires qui permettent à un individu de se situer par rapport à lui-même et au monde. La confusion dans laquelle il se trouve touche en effet les domaines essentiels de la biographie intime de tout être : la naissance, la sexualité, la procréation. Le fondement même de son existence est en cause. On comprend l'effroi qu'Œdipe éprouve à la fin de la pièce.

Les raisons de l'aveuglement

Œdipe passe de la lumière à la nuit. D'abord concrètement en se crevant les yeux, mais surtout moralement. Les raisons de son geste sont multiples et s'additionnent.

Œdipe justifie sa mutilation par le refus de voir le mal qu'il a subi et celui qu'il a commis (p. 244) : « Que pouvais-je encore voir dont la vue pour moi eût quelque douceur ? » dit-il au Chœur. Et Œdipe de préciser aussitôt : « Que pouvais-je voir qui me pût satisfaire ? » (p. 244). Ne plus voir c'est se châtier, se couper du monde dont Œdipe se sent désormais exclu, tant ses crimes sont horribles.

Mais cet exil intérieur peut aussi apparaître comme une revanche sur le sort. Œdipe ajoute en effet : « Il est si doux à l'âme de vivre hors de ses maux » (pp. 245 et 246). En s'aveuglant, Œdipe tente non pas d'oublier son malheur, mais de le supporter le moins mal possible.

Œdipe, par ailleurs, a voulu savoir malgré les conseils de Jocaste, et il ne sait que trop à la fin de la pièce. La vérité, sa vérité, est insoutenable. Ce désir de savoir, c'est-à-dire de voir par l'esprit, le conduit à la cécité.

C'est que l'enquête qu'il mène sur ses origines est un voyage dans le temps et sur les siens. Il se découvre parricide et incestueux, c'est-à-dire qu'il a franchi les tabous moraux de la société. Ce désir de savoir se trouve sanctionné par l'aveuglement. Malheur à qui ne respecte pas les lois morales fondamentales!

Œdipe, enfin, se reproche d'être né: «Je me révèle le fils de qui je ne devais pas naître», s'écrie-t-il (p. 239). Œdipe intériorise par ce cri sa culpabilité. Il se sait, il se sent coupable (alors qu'objectivement il ne l'est pas, voir p. 71). Il a le sentiment d'être désormais de trop: il est celui non pas qui a mal vécu, mais qui n'aurait pas dû vivre.

LE CHŒUR

Sans le Chœur, dont vraisemblablement elle dérive[1], la tragédie grecque n'existerait pas. Sa présence et son rôle sont donc essentiels.

Un personnage collectif

Le Chœur, avec à sa tête le Coryphée, représente la Cité, dont il est la délégation dans l'espace scénique. Dès sa première apparition (pp. 202-204), il évoque la situation catastrophique de Thèbes dont il «souffre les maux sans nombre» (p. 203). Constamment, il se comporte en porte-parole de la collectivité. Son unique souci, dit-il, est le «salut» de la ville (p. 227), des «Thébains», des «hommes», des «femmes» (p. 223). Même quand il s'exprime à la première personne du singulier (pp. 223, 228, 285), le prénom personnel possède une valeur plurielle (comme le mot «foule»).

Un personnage lyrique

Le Chœur confère l'un de ses traits majeurs à la tragédie grecque, même s'il est difficile de l'apprécier à la lecture: son aspect lyrique. Il dansait et chantait en effet.

Lors d'une représentation, le Chœur évoluait dans ce que les Grecs nommaient l'«orchestre». Matériellement, le mot désigne la

1. Sur l'origine de la tragédie, voir le chapitre 3, p. 46.

place circulaire s'étendant au pied des gradins. Étymologiquement, le mot provient d'un verbe grec signifiant « danser ». À l'intérieur de cet « orchestre », le Chœur se déplaçait en cadence, en exécutant des figures (comme on parle de nos jours d'une figure de danse).

En même temps, le Chœur ne disait pas, mais chantait son texte. On ne sait guère avec certitude de quelle façon. Mais le lyrisme de ses interventions demeure évident, même à la lecture d'une traduction : prière, supplique, invocation se succèdent, dans une organisation strophique très codifiée (on en trouvera un exemple détaillé dans la lecture analytique n° 4, p. 114.)

Un commentateur de l'action

Le Chœur ne participe guère à l'action dramatique proprement dite. Le plus souvent il la commente, il réagit à son déroulement, exprimant par là les angoisses ou les espoirs de la cité (et du public).

Il déplore ainsi les malheurs de Thèbes, gémissant sous la peste (pp. 202-205). L'affrontement d'Œdipe et de Tirésias le laisse incertain et troublé : qui croire (p. 214) ? Il plaint Œdipe, quand l'horrible vérité se fait jour (p. 244).

À trois reprises, le Chœur dialogue directement avec l'un des protagonistes : avec Œdipe (p. 220), avec Jocaste (p. 221), puis de nouveau avec Œdipe (p. 244). C'est à chaque fois pour donner des conseils de bon sens, ou de prudence.

Enfin le Chœur s'affirme comme le gardien vigilant des traditions morales et religieuses de la Cité, fondements de sa survie : « Dieu est ma sauvegarde et le sera toujours » (p. 227). Aussi condamne-t-il l'orgueilleux, l'homme atteint de « démesure ». C'est ce qui lui permet de tirer la leçon de la pièce :

> Regardez, habitants de Thèbes, ma patrie. Le voilà, cet Œdipe, cet expert en énigmes fameuses, qui était devenu le premier des humains. [...] Aujourd'hui, dans quel flot d'effrayante misère est-il précipité ! [...]. Gardons-nous d'appeler jamais un homme heureux, avant qu'il ait franchi le terme de sa vie sans avoir subi un chagrin. » (p. 250)

6 Mythe et tragédie

Sous sa forme primitive, le mythe appartenait à la tradition orale (voir p. 42). Il ne relevait pas originellement de la littérature. Sa richesse, ses ambiguïtés, sa capacité à se renouveler constamment en ont pourtant fait une matière littéraire par excellence et, plus particulièrement encore, une matière théâtrale. La plupart des tragédies grecques s'appuient en effet sur des données mythiques. Au premier siècle avant notre ère, l'historien Denys d'Halicarnasse notait déjà ce phénomène : il y a, écrivait-il, « certains récits fabuleux, objets d'une croyance très ancienne, et certains événements imprévus comme il s'en rencontre dans le théâtre ».

Œdipe roi est exemplaire de cette rencontre du mythe et de la tragédie. La coïncidence est ici presque parfaite entre ce que proposait la légende d'Œdipe et ce que met en scène la pièce de Sophocle. Elle l'est tant qu'*Œdipe roi*, né du mythe, finit par faire corps avec lui et devient une version du mythe à part entière. S'agit-il d'une tragédie mythique ? d'un mythe tragique ? On ne sait plus vraiment : la tragédie a prêté sa voix au mythe, et le mythe a donné sa force à la tragédie.

DU MYTHE À LA TRAGÉDIE : CONDITIONS ET ENJEUX

La première question à résoudre est de déterminer ce qu'implique le passage du mythe à la tragédie.

Le mythe, de par ses origines orales, relate des événements, détaille une biographie : en l'occurrence, il raconte ici la vie d'Œdipe. Son mode de transmission (voir pp. 42-43) favorisait l'invention du récitant qui était libre d'ajouter à l'histoire qu'il avait lui-même reçue des commentaires, des personnages et même d'imaginer de nouvelles versions.

Écrire, c'est, au contraire, fixer par des mots, et donc choisir. C'est aussi organiser son sujet, lui donner un sens et une progression logique. Là où la parole est prolixité, l'écrit est contrainte. Quand il s'agit d'une pièce de théâtre, les exigences sont encore plus fortes. Le théâtre est spectacle, c'est une action mise en scène. Comme le passage d'un roman à l'écran nécessite une adaptation, le passage du mythe à la tragédie réclame un traitement spécifique du sujet. C'est ce traitement qu'il convient d'étudier à propos d'*Œdipe roi*, c'est-à-dire la façon dont Sophocle a dramatisé le mythe. C'est autant affaire de moyens que de significations.

UNE LOGIQUE CAUSALE

En adaptant le mythe à la scène, Sophocle transforme la biographie d'Œdipe en un destin. La notion de destin introduit une nuance nouvelle : celle d'un lien logique, inéluctable, entre les événements. La dramatisation du mythe d'Œdipe tient d'abord à cette relation de cause à effet qu'insère partout Sophocle. En voici les principales articulations.

Sophocle reprend les quatre éléments majeurs de la tradition : la peste, le meurtre de Laïos, la victoire sur le Sphinx et le mariage incestueux avec Jocaste. Il les lie inextricablement. Tout commence non avec l'oracle d'Apollon, mais avec le doute qu'Œdipe, qui se croit le fils des souverains de Corinthe, a soudain sur sa naissance. Un banal propos de beuverie l'a fait naître : « Pendant un repas, au moment du vin, dans l'ivresse, un homme m'appelle "enfant supposé" », se souvient Œdipe (p. 224). La circonstance est plausible. À partir de là, une machine infernale s'enclenche. Pour en avoir le cœur net, Œdipe se rend à Delphes. L'oracle lui annonce qu'il sera incestueux et parricide. Toujours convaincu qu'il est né à Corinthe, Œdipe décide de fuir sa ville natale et se dirige vers Thèbes. À un carrefour, il tue Laïos. Œdipe poursuit sa route, rencontre le Sphinx, résout l'énigme, entre dans Thèbes en libérateur et épouse la reine Jocaste. Le fil conducteur est implacable. Même la peste qui désole la ville se rattache directement à l'intrigue. Vengeance divine, elle résulte du meurtre, laissé impuni, de Laïos.

UNE IMPLACABLE PROGRESSION

Le mythe est linéaire : il procède par faits successifs. Non seulement Sophocle les lie entre eux, mais il les organise savamment, selon un ordre de plus en plus grave.

La tradition impose qu'Œdipe soit parricide et incestueux. Elle ne précise pas lequel de ces deux crimes Œdipe doit découvrir le premier. Celui-ci peut tout aussi bien apprendre qu'il est parricide puis incestueux, incestueux puis parricide, ou les deux en même temps.

Pour mieux ménager une certaine montée dramatique, Sophocle a choisi de dévoiler d'abord le parricide. Si le crime est et reste moralement monstrueux, il est sur le plan du spectacle le moins frappant. Le meurtre est ancien, et nous ne voyons pas sur scène Laïos. L'intérêt et la sympathie qu'il peut susciter en sont amoindris. En revanche, Jocaste est une figure connue du spectateur. L'inceste cesse d'être un crime abstrait. Les deux filles qui en sont issues, Antigone et Ismène, apparaissent même à la fin de la pièce. La tragédie va ainsi crescendo.

UNE ÉCONOMIE DE MOYENS

Même si c'est au prix d'une certaine invraisemblance, Sophocle écrit sa tragédie avec une grande économie de moyens.

Rien ne peut être retranché du texte sans dénaturer du même coup l'histoire. L'essentiel est dit, mais il n'est dit que l'essentiel. Cet effort de concentration se manifeste encore dans le double resserrement temporel et géographique : tout se déroule en un seul lieu et en quelques heures (voir p. 80). Le nombre des personnages est également réduit : aucun n'est inutile ou ne joue de rôle passif. Une telle simplicité et une telle économie dans l'organisation de l'œuvre accroissent la rapidité et l'efficacité de l'action. Aucun superflu, aucun détail secondaire ne vient ralentir l'intrigue.

UN APPROFONDISSEMENT DU SENS

La tradition légendaire se limitait à évoquer la malédiction d'Œdipe et son malheur. Elle dessinait le parcours d'une disgrâce et d'une chute. Sophocle noue les événements pour mettre en scène un conflit fondamental. Chez lui, contrairement au mythe, le malheur ne succède pas au bonheur. Il naît du bonheur lui-même : « C'est ton succès pourtant qui justement te perd », déclare le devin Tirésias à Œdipe (p. 212).

L'opposition de l'intelligence, de la puissance et de l'amour

Œdipe incarne l'intelligence et la volonté de savoir. Toutes deux sont synonymes de puissance et de force. C'est par sa perspicacité qu'Œdipe est devenu roi. Il est l'homme qui sait (p. 198).

Or, cette intelligence qui élève Œdipe au-dessus des Thébains se retourne contre lui et anéantit son bonheur. Œdipe n'est heureux que dans l'ignorance de ses origines. Dès qu'elle se dissipe, il sombre dans l'infortune. Au fur et à mesure que se déroule la pièce, ce désir de savoir s'apparente de plus en plus à une obsession. Il est significatif que Jocaste, les Thébains, tous ceux qui aiment et respectent Œdipe, lui conseillent de ne pas chercher à élucider le mystère de sa naissance. Seul contre tous, Œdipe veut mener l'enquête jusqu'à son terme. Plus il soupçonne le sort qui est le sien, plus ses craintes augmentent et plus il veut savoir, quel qu'en soit le prix. Chez Œdipe, non seulement l'intelligence et la puissance s'opposent au bonheur, mais il y a une obscure adhésion au pressentiment du pire, comme un abandon à la souffrance.

La piété religieuse contre le bonheur

De la même façon apparaît un antagonisme entre l'homme et la divinité. Vécu dans l'ignorance, le bonheur l'est aussi dans le rejet ou le refus de la vérité divine. Jocaste et Œdipe pensent pouvoir faire impunément mentir l'oracle. Ils l'espèrent – en vain – une première fois lorsque Jocaste révèle que Laïos a succombé sous les coups de plusieurs assaillants:

> JOCASTE: [...] désormais, en matière de prophéties je ne tiendrai pas plus de compte de ceci que de cela.
>
> ŒDIPE: Tu as raison... (p. 227).

Et, une seconde fois, après l'annonce du décès naturel de Polybe:

> ŒDIPE: Ah! femme, qui pourrait désormais recourir à Pythô, au foyer prophétique? ou bien à ces oiseaux criaillant sur nos têtes? (p. 230).

Les époux n'espèrent maintenir leur bonheur que dans une contestation sacrilège du pouvoir des dieux.

L'impossible épanouissement de l'être

Ce que suggère ainsi la tragédie en filigrane, c'est l'impossibilité pour l'homme de s'accomplir. « Œdipe » signifie en grec « le boiteux ». Intelligence, amour, puissance: ces vertus et ces idéaux sont comme trois routes qui ne se rejoignent jamais et qui partent dans des directions différentes. Détaillant les circonstances de l'assassinat de Laïos, Œdipe parle d'un « croisement de chemins » (p. 225). Ce « croisement » est aussi symbolique. Les trois vocations au bonheur, à la puissance et au savoir ne peuvent se vivre harmonieusement. Ce constat scelle l'impuissance et marque la détresse de la condition humaine. Au moment même où Œdipe adulte pense pouvoir s'épanouir, il retourne (par son mariage avec Jocaste) vers sa mère. L'homme est-il jamais autonome? Est-il jamais heureux? Tout se passe comme si l'homme devait choisir entre le bonheur, la vérité et la puissance, donc de se mutiler au moins dans ses aspirations. La tragédie de Sophocle prend les dimensions d'une vaste réflexion. À l'exemple d'Œdipe, tout homme « boite » un peu.

7 Fatalité, liberté, culpabilité

L'homme est-il maître de son destin ? Ou est-il, au contraire, soumis à une aveugle fatalité ? *Œdipe roi* soulève en effet le problème de la liberté et, par voie de conséquence, de la responsabilité. L'analyse de la question est délicate tant Sophocle prend soin d'éviter l'extrême simplification, et tant il convient de se méfier des impressions d'une première lecture rapide, où celles-ci risquent de devenir erronées. Si la fatalité paraît ainsi dominer la pièce, elle ne règne pas pour autant en maîtresse absolue. Apparente plus que réelle, elle ne s'oppose pas à la liberté d'Œdipe. Dès lors se trouve posée l'énigme de l'être humain confronté à la fois à ses propres incertitudes et à ce qui le dépasse.

UNE FATALITÉ APPARENTE MAIS CONTESTABLE

On désigne ordinairement sous le nom de fatalité toute force surnaturelle par laquelle un malheur est déterminé à l'avance d'une manière inévitable. C'est une condamnation sans cause ni faute.

Une fatalité apparente

Œdipe roi semble de prime abord illustrer la toute-puissance de la fatalité. Réduits à leur plus simple expression, les faits sont clairs : Œdipe tue son père et épouse sa mère, comme l'oracle l'avait prédit. Le Chœur rappelle le pouvoir des dieux sur les hommes : Zeus et Apollon, dit-il, sont « instruits du destin des mortels » (p. 214). Jocaste, qui doute de la validité de l'oracle (p. 222), voit les événements lui donner tort. À l'inverse, Tirésias, qu'Œdipe prend d'abord pour un « charlatan » (p. 211), voit sa prophétie se confirmer. À la fin de la pièce, Œdipe est obligé de reconnaître qu'un sort horrible s'est acharné sur lui. Lui-même se nomme « le maudit entre les maudits », l'homme qui parmi les hommes est « le plus abhorré des dieux ».

Une analyse plus attentive conduit pourtant à s'interroger sur la réalité de cette fatalité. Sophocle prend, en effet, soin de multiplier les mises en garde et les indices contradictoires.

Les limites de la fatalité

Les paroles de l'oracle qui condamne Œdipe ne sont jamais rapportées directement. Comme le souligne Jocaste, « l'oracle arriva jadis à Laïos non d'Apollon lui-même, mais de ses serviteurs » (p. 222). Et comme elle, Œdipe (p. 226) et le Chœur (p. 214) sont sceptiques sur la possibilité pour les hommes d'interpréter les volontés divines. L'oracle n'a par ailleurs ni prédit, ni prévu qu'Œdipe se crèverait les yeux. Comment comprendre ce silence ou cette ignorance ?

Créon rapporte de Delphes un second oracle prophétisant la fin de la peste qui ravage Thèbes, sitôt que sera châtié l'assassin de Laïos (p. 200). Or, si la pièce s'achève bien sur la punition du meurtrier, elle ne mentionne à aucun moment la disparition, même prochaine, du fléau. Tout se passe donc comme si l'oracle n'avait sur ce point qu'une importance relative.

Ce second oracle affaiblit en outre le premier. On sait que, doutant de sa filiation, Œdipe s'est rendu à Delphes pour apprendre qui sont ses vrais parents. Au lieu de répondre à cette question, l'oracle lui répète ce qui fut dit à Laïos : Œdipe sera parricide et incestueux. À cet instant, Œdipe est élevé par les souverains de Corinthe, Polybe et Mérope. Comme il n'a pas tué Polybe et comme il n'a pas l'intention d'épouser Mérope, Œdipe pourrait douter que les souverains de Corinthe soient ses vrais parents. Or, Œdipe, qui vit déjà dans l'incertitude à ce sujet, ne se pose pas davantage de questions.

À supposer même que, par un affreux concours de circonstances, Œdipe craigne de tuer un jour accidentellement Polybe, on voit mal comment il accepterait d'épouser Mérope qu'il connaît et qu'il tient pour sa mère. Son mariage incestueux avec Jocaste ne s'explique en effet que par l'ignorance où il est de la véritable identité de sa femme.

En tout état de cause, Œdipe devrait devenir plus méfiant. Et s'il décide à juste titre de ne pas retourner à Corinthe, il devrait aussi, dans le trouble qui est le sien, décider de s'abstenir de combattre et de contracter tout mariage. Au moins par prudence. C'est exactement le contraire qu'il fait presque aussitôt après.

L'existence de la fatalité implique en outre d'admettre une série d'invraisemblances et d'impossibilités. Depuis le meurtre de Laïos, plusieurs années se sont écoulées. Pourquoi Zeus attend-il aussi longtemps pour punir le criminel ? Pourquoi Œdipe n'a-t-il pas lui-même enquêté sur cet assassinat dès le début de son règne ? Il est pour le moins curieux qu'un régicide ne fasse l'objet d'aucune investigation immédiate.

Le dénouement n'est enfin possible que grâce à de surprenantes coïncidences. Le Messager de Corinthe qui annonce à Œdipe la mort de Polybe est comme par hasard le berger qui remit jadis le nouveau-né à Polybe. Le serviteur thébain qui lui a donné le bébé se révèle être celui qui accompagnait Laïos lors du voyage fatal.

Ainsi, pour qu'*Œdipe roi* soit une tragédie du destin humain, il faut accepter que la fatalité se serve du hasard, de l'inattendu et de circonstances extraordinaires. On peut certes objecter que le hasard est le masque de la fatalité, la forme que celle-ci prend pour mieux égarer Œdipe et le conduire là où il ne veut pas. Encore faudrait-il que le texte contienne un indice qui justifie une telle interprétation.

Par ailleurs, toute l'existence d'Œdipe peut s'expliquer d'une manière entièrement rationnelle. Et quand un acte ou un événement possède des causes humaines, on ne peut plus parler de fatalité.

L'AUTONOMIE D'ŒDIPE

Bien qu'elle soit prédite, la mort de Laïos n'était pas pour autant inéluctable. Œdipe en explique les circonstances : le convoi royal veut le contraindre à laisser le passage ; le guide lui assène un coup de fouet. Œdipe réagit et la mêlée s'ensuit (p. 225). L'orgueil, la colère, le refus de l'humiliation sont à l'origine du drame, qui est d'abord une banale affaire de priorité et de préséance. Pour comprendre ces événements, il n'est pas nécessaire de faire appel à la fatalité. Œdipe avait le choix : il aurait pu courtoisement s'effacer. Pour qu'il y ait fatalité, il aurait fallu que Sophocle dépeigne Œdipe comme un homme, par exemple, depuis toujours colérique de nature. Tel n'est pas le cas. Rien ne dit qu'il a été poussé à ce geste meurtrier malgré lui.

De même, Œdipe, après sa victoire sur le Sphinx, est libre d'accepter ou de refuser le trône de Thèbes. La récompense promise à qui triompherait du monstre engage certes les Thébains qui, sauf à se renier, ne peuvent revenir sur la parole donnée.

Mais elle ne lie pas le vainqueur. Œdipe n'est pas davantage forcé d'épouser Jocaste. Même s'il l'était, il aurait pu négocier un mariage blanc[1]. La reine n'est-elle pas beaucoup plus âgée que lui ?

Rien, au début de la pièce, ne l'oblige à prononcer une sentence d'exil contre le meurtrier encore inconnu (p. 205). S'il le fait, ce n'est pas sous l'influence d'une inéluctable fatalité, mais par devoir, par conscience de ses obligations royales. Enfin, Œdipe n'est pas prédestiné à devenir aveugle.

Certes, au moment où il se crève les yeux, le Messager dit : « un dieu sans doute dirige sa fureur » (p. 242). Mais, d'une part, « sans doute » possède son sens premier, traditionnel, de « peut-être ». Et, d'autre part, le Messager ne prononce cette phrase que pour disculper les témoins de la scène de toute responsabilité dans le geste désespéré d'Œdipe. Il ajoute en effet aussitôt après : « Car ce n'est certes aucun de ceux qui l'entouraient avec moi. » Il faut comprendre : « Aucun de nous ne l'a poussé à une telle extrémité. »

La suite du récit apporte d'ailleurs une explication tout à fait plausible à la mutilation d'Œdipe. À peine celui-ci découvre-t-il ses crimes qu'il aperçoit Jocaste pendue. L'excès de malheur suffit à motiver son comportement. Comme pour le meurtre de Laïos, point n'est besoin de recourir à une intervention surnaturelle… qui n'avait rien prévu des réactions d'Œdipe.

1. Un mariage blanc est un mariage non consomme.

Le lecteur (ou le spectateur) se trouve dès lors confronté à une contradiction en apparence insoluble : d'un côté, le sort d'Œdipe est connu, donc fixé à l'avance ; de l'autre, ce sort était ou aurait pu être évitable. Comment comprendre ce paradoxe ? Logiquement, en effet, la liberté exclut la fatalité ; et la fatalité contredit la liberté.

Tout dépend en fait du sens précis que l'on donne au mot fatalité et de la fonction que l'on attribue à l'oracle. Les dieux savent, par définition, qui est Œdipe, ce qu'il a fait et ce qu'il fera. Ils ne vivent pas sur la même échelle du temps que les hommes. Pour les mortels, le temps est un déroulement et une succession d'instants. Pour les dieux, le passé, le présent et le futur n'existent pas. Ils en ont une vision panoramique, instantanée, globale. Le passé, le présent et le futur se confondent pour être embrassés d'un seul regard.

Aussi les dieux savent-ils, à l'avance, ce qu'Œdipe ignore et qu'il découvrira progressivement. Le mauvais usage qu'Œdipe fait et fera de sa liberté ne leur échappe pas. L'oracle d'Apollon ne fixe pas en conséquence le sort d'Œdipe : il le découvre, il le révèle. Non que les dieux aient décidé de la vie d'Œdipe ; mais parce qu'ils connaissent ses réactions. Il s'agit plus d'une prescience divine que de prédestination. Ainsi se concilient la liberté d'Œdipe et les prédictions qui le concernent.

La notion de fatalité est d'ailleurs étrangère à la culture grecque. Si le grec possède des termes pour désigner le hasard, le sort, la jalousie des dieux ou la relation de cause à effet, ce qu'on appelle en philosophie « la nécessité objective », il n'en a aucun pour désigner la fatalité. Il est significatif que celle-ci soit d'origine latine, puisque fatalité dérive du mot *fatum* (la parole proférée qui fixe et fige l'avenir).

Œdipe est ainsi libre et soumis, maître de ses actes et dépendant des dieux à qui rien n'est obscur. D'une certaine façon, les oracles étaient des avertissements, dont Œdipe n'a tenu aucun compte. Les dieux le savaient. C'est pourquoi la prescience peut aisément prendre les apparences de la fatalité.

La question de savoir si le châtiment d'Œdipe est mérité s'avère délicate à trancher. La pièce de Sophocle est en effet construite de manière à ce qu'on ne puisse répondre clairement, ni par l'affirmative, ni par la négative.

En droit, la culpabilité implique l'existence d'une faute; et la faute suppose d'en avoir conscience. Personne n'est responsable d'un acte commis sous la contrainte ou par ignorance. La culpabilité d'Œdipe apparaît à cet égard fort douteuse.

Il est parricide sans le savoir. Lorsqu'il tue Laïos, Œdipe ne sait pas qui est sa victime ni qu'elle est de condition royale. C'est d'abord un fait divers, courant à l'époque. Lorsqu'il épouse Jocaste, Œdipe ignore de la même façon qu'elle est sa mère. Il est en somme un criminel innocent.

La culpabilité d'Œdipe se situe en fait ailleurs, sur un autre plan que celui du droit et de la justice. Œdipe est habité par la passion de la démesure, où l'orgueil le dispute à l'intelligence.

Sa victoire sur le Sphinx montre sa perspicacité et sa clairvoyance. Lui-même s'en vante: «Ce n'était pas le premier venu qui pouvait résoudre l'énigme», dit-il à Tirésias (p. 211). Ailleurs, il se tient «pour fils de la Fortune, Fortune la Généreuse» (p. 235), c'est-à-dire du sort et de la chance.

Cette victoire possède une double signification. Elle montre que, dans le mythe, on ne devient roi qu'après avoir surmonté des épreuves naturelles ou surnaturelles ; elle prouve la force du héros. Mais comme ce triomphe consiste en la résolution d'une énigme, elle exprime aussi une passion de l'inconnaissable, de la vérité, fût-elle interdite ou cruelle. Il n'y a qu'un pas de l'intelligence souveraine à l'orgueil d'être soi. C'est précisément ce désir qui perd Œdipe: la volonté fière et hautaine de savoir. «Ah, puisses-tu jamais n'apprendre qui tu es» (p. 235), lui dit Jocaste sur un ton à la fois douloureux et mystérieux[1]. Œdipe ne tient pas compte de l'avis de sa femme, pas plus qu'il n'a pris en considération l'avertissement contenu dans l'oracle d'Apollon.

---

1. Ce ton est mystérieux parce qu'on ne sait pas si Jocaste dit cela à Œdipe pour le sauver ou pour se sauver elle-même; sur l'ambiguïté de Jocaste, voir p. 56.

Les Grecs désignaient sous le mot d'*atê* l'aveuglement moral, dont les hommes au faîte de leur puissance pouvaient témoigner. Trop de fierté, trop de confiance en soi, trop de gloire ou trop de désir de connaître peuvent conduire à la catastrophe. Œdipe se trouve dans cette situation. Ni juridiquement, ni moralement, il n'est coupable des crimes qu'il a commis. Mais, à chaque grand moment de son existence, Œdipe fait un mauvais usage de sa liberté en choisissant toujours la solution la plus imprudente. Par là, il rend possibles ses crimes ; il en facilite, pourrait-on dire, la réalisation. C'est en ce sens et en ce sens seulement qu'Œdipe est responsable. Ainsi se trouvent associées deux notions contradictoires pour un esprit rationaliste et moderne : la soumission à l'oracle, qui se réalise malgré tout, et la liberté du personnage.

ŒDIPE, REPRÉSENTANT DE LA CONDITION HUMAINE

Œdipe assume le poids d'une faute qu'il n'a pas intentionnellement commise. Peu importe que la situation soit juste ou injuste : elle est celle qu'Œdipe, parricide et incestueux involontaire, connaît. Il supporte également la dureté d'un châtiment exemplaire sans l'avoir mérité. Par son héroïsme, Œdipe s'élève au-dessus de la condition humaine. Dans le même temps, Œdipe se heurte à l'inexplicable et à l'incompréhensible. La liberté dont il fait preuve tourne au vertige. Son désir de connaître le secret de sa naissance s'apparente à une quête des origines, et cette quête peut être tragique. Œdipe devient dès lors le symbole même de l'homme confronté à la plus terrible des questions : qui suis-je ? que sont mes actes ? où mènent-ils ? Ces interrogations n'ont pas d'âge, tant elles se posent depuis les débuts de l'humanité. On comprend que, dans ces conditions, le mythe d'Œdipe n'ait jamais cessé de fasciner.

8 Le tragique

Contrairement à une opinion trop souvent répandue, le tragique ne se réduit pas à l'atrocité d'une action. Une catastrophe ou un crime horrible peuvent être tragiques ; ils peuvent aussi ne pas l'être. Tout dépend du contexte dans lequel ils se produisent.

Le tragique naît d'abord, dans *Œdipe roi*, d'une atmosphère grandiose et inquiétante ; il provient ensuite de la puissance pathétique qui se dégage de la pièce, ainsi que de son sujet et de sa valeur purificatrice.

UNE ATMOSPHÈRE GRANDIOSE ET INQUIÉTANTE

Autant que les contemporains de Sophocle, *Œdipe roi* transporte le lecteur moderne dans un univers primitif, dominé par des forces inquiétantes.

Les invocations permanentes des personnages du Chœur aux divinités[1] rendent presque sensible la présence d'un monde surnaturel. Les hommes vivent sous le regard de puissances invisibles, mais comme proches et réelles. Entre eux un dialogue se noue : les oracles parlent. Mais cette parole divine n'a rien de rassurant. Elle châtie et condamne sans pitié. Elle est en outre codée et « oblique » (p. 211). Si on l'entend, on la comprend mal, Œdipe tout le premier. Pourquoi la peste frappe-t-elle les Thébains, pourtant innocents du meurtre de Laïos ? Tout se passe comme si les humains étaient soumis à une volonté supérieure dont ils sentent le poids à chaque instant, mais dont ils ignorent ce qu'elle veut.

1. Voir par exemple les interventions du Chœur, pp. 202-203 ; pp. 227-228 ; ou p. 240.

Primitif, cet univers l'est enfin par les monstres qui l'habitent. Le Sphinx, l'« ignoble Chanteuse » (p. 211) comme l'a surnommé Œdipe[1], vivait encore il y a peu. La terreur qu'il faisait régner demeure encore dans les mémoires. Dans la mesure où le mythe remonte toujours à un passé très ancien[2], il est par nature propre à susciter des images sombres et terrifiantes. Comme si l'humanité, dans sa jeunesse, avait à combattre toutes sortes de terreurs.

UNE PUISSANCE PATHÉTIQUE

Le pathétique est l'expression d'une émotion intense et pénible. Il transparaît d'abord dans la description de la peste. Le Chœur se lamente :

> *La Cité se meurt en ces morts sans nombre. Nulle pitié ne va à ses fils gisant sur le sol : ils portent la mort à leur tour, personne ne gémit sur eux.*
> *Épouses, mères aux cheveux blancs, toutes de partout affluent au pied des autels, suppliantes, pleurant leurs atroces souffrances.* (p. 203).

Ce véritable tableau funèbre impose à l'esprit l'image d'une désolation absolue, d'autant plus forte que les mots, d'une précision sèche, se bornent, sans grandiloquence ni emphase, à constater le désastre.

Le pathétique naît aussi du spectacle de la détresse dans laquelle sombrent Jocaste et Œdipe. Voici le père, les yeux désormais morts, devant ses filles qu'il aime peut-être plus que jamais, bien qu'elles soient nées d'une union incestueuse :

> Sur vous, aussi, je pleure – puisque je ne suis plus en état de vous voir –, je pleure, quand je songe combien sera amère votre vie à venir et quel sort vous feront les gens. (p. 249).

La rencontre ne fait pas l'objet d'un récit, mais se produit sur scène. Le spectateur en est immédiatement ému. Le lecteur doit, lui, faire l'effort d'imaginer Œdipe, son visage, son désespoir, ainsi que l'attitude d'Antigone et d'Ismène. Qui pourrait leur refuser la compassion que méritent les infortunes sans mesure ?

---

1. En grec, *sphinx* est féminin : d'où le nom de « chanteuse ».
2. Voir p. 43.

Dans ce contexte, le sujet d'*Œdipe roi* prend toute sa valeur tragique. D'abord par les faits eux-mêmes qui sont relatés : un parricide et un inceste. De nos jours encore, il s'agit d'actes contraires à toutes les lois morales. Très tôt proférée, la prophétie de Tirésias teinte la pièce d'effroi :

> Il [Œdipe] se révélera père et frère à la fois des fils qui l'entouraient, époux et fils ensemble de la même femme dont il est né, rival incestueux aussi bien qu'assassin de son propre père ! (p. 213).

Déjà épouvantables en soi, ces fautes le sont encore par la façon dont elles sont commises. En effet, Œdipe n'est pas un monstre. Plus il tente d'échapper au sort qui lui a été prédit, plus il s'y soumet. À chaque fois qu'Œdipe use de sa liberté, il accélère la réalisation de l'oracle (voir p. 68).

Ce mécanisme offre quelque chose d'effrayant. Ou bien, en effet, la liberté n'est qu'une illusion que l'homme cultive. Ou bien il faut admettre que les actes, ou du moins certains actes, échappent à leur auteur pour se retourner contre lui. Autant que les fautes dont Œdipe se rend coupable, cette interrogation fondamentale sur la liberté – inscrite au cœur de l'œuvre – suscite une réflexion angoissée.

Le tragique atteint peut-être là sa plus haute dimension. C'est celui d'une conscience face à ce qui la dépasse. Le déchiffreur d'énigmes qu'est Œdipe ne sait résoudre ce mystère.

On ne saurait pourtant lui dénier tout courage, et même une certaine forme d'héroïsme. Quoi qu'il lui en coûte, Œdipe cherche obstinément la vérité. Sa quête mortelle sur ses origines est tragiquement admirable.

UNE VERTU PURIFICATRICE

Selon la *Poétique* d'Aristote, qui codifie les règles de la tragédie grecque[1], la tragédie se doit de remplir une fonction morale, qu'il définissait sous le nom de *catharsis* (et que le XVIIe siècle français appellera la « purgation des passions »). Le spectateur était censé se purifier de ses tentations en voyant à quelles catastrophes elles aboutissaient sur scène.

Dans le cas d'*Œdipe roi*, cela ne signifie évidemment pas que Sophocle voulait mettre en garde ses contemporains contre le parricide et l'inceste. L'intention profonde de l'œuvre est ailleurs que dans cette banale visée moralisatrice. Elle réside dans l'illustration des malheurs inhérents à la transgression des interdits et des lois morales. S'appuyant sur une situation hors du commun, la démonstration prend une force exemplaire.

Une double leçon se dégage ainsi de la pièce. Elle est une invitation à fuir l'orgueil :

> Lorsque la démesure s'est gavée follement, sans souci de l'heure ni de son intérêt, et lorsqu'elle est montée au plus haut, sur le faîte, la voilà soudain qui s'abîme dans un précipice fatal (p. 227).

Œdipe s'est rendu coupable de cette démesure : sa victoire sur le Sphinx et son accession à la royauté ont obscurci son jugement. Il ne savait pas que plus il montait, plus il préparait sa chute.

Le second enseignement est, à la fin de la pièce, donné par le Coryphée. Tant que l'homme n'est pas mort, on ne peut juger de son bonheur, car ce qui lui reste à vivre sera peut-être effroyable (p. 250). Le précepte est aisément transposable partout et à toute époque. La *catharsis* tragique conduit en ce sens à un apaisement de l'âme.

---

1. Sur Aristote et la *Poétique*, voir aussi p. 77.

9 Les techniques dramaturgiques

La dramaturgie est l'étude de l'organisation d'une pièce de théâtre. Les procédés de construction ne sont pas immuables : chaque époque et, parfois, chaque auteur possèdent les siens. Aussi l'analyse dramaturgique d'une pièce se heurte-t-elle toujours à quelques difficultés. Celle d'une tragédie grecque en soulève deux.

La première est qu'en ce Ve siècle où vit Sophocle, il n'existe pas de règles absolues. Certes Aristote[1] a bien rédigé une *Poétique* dans laquelle il traite de l'art de composer une tragédie et où il cite souvent Sophocle. Mais, datant approximativement de 350 avant notre ère, son œuvre est postérieure de près d'un siècle à *Œdipe roi*. En outre, jamais Aristote ne prétend proposer ou imposer un système rigide. Il livre ses réflexions sur ce qui lui semble le mieux. Les dramaturges bénéficiaient en fait d'une grande marge de liberté.

La seconde difficulté tient au risque d'une erreur d'optique et d'interprétation. La dramaturgie française classique du XVIIe siècle a érigé les théories d'Aristote en lois absolues. Le danger devient alors grand de considérer la tragédie grecque comme une application anticipée de la dramaturgie française classique et de la voir à travers le modèle des pièces du XVIIe siècle. Or, même s'ils possèdent des éléments communs, les deux systèmes diffèrent profondément l'un de l'autre.

LA PITIÉ ET LA CRAINTE

Une technique n'a de valeur et d'intérêt qu'en fonction du but qu'elle permet d'atteindre. Avant d'examiner les procédés dont use

1. Philosophe grec, Aristote vécut au IVe siècle avant notre ère, de 384 à 322.

Sophocle, il convient donc de préciser à quelles intentions esthétiques il obéit.

Qu'elle soit d'Eschyle, de Sophocle ou d'Euripide, toute tragédie grecque tend à susciter chez le spectateur un sentiment de pitié et de terreur (en assignant à leurs œuvres théâtrales la même fonction, les dramaturges français n'innoveront pas sur ce point).

Œdipe roi parvient, à l'évidence, à ce but. Une simple lecture suffit à s'en apercevoir. Comment ne pas plaindre Œdipe qui se découvre parricide et incestueux, sans jamais l'avoir voulu ?

La terreur n'est pas moins réelle. Elle se manifeste de trois façons. C'est d'abord celle éprouvée par Œdipe lui-même quand se révèle progressivement l'horrible vérité. C'est ensuite celle du Coryphée, surtout quand Œdipe resurgit « la face sanglante » et les yeux crevés : « Ô disgrâce effroyable à voir pour des mortels – oui, la plus effroyable que j'aie jamais croisée sur mon chemin ! » (p. 243). C'est enfin celle que ressent le spectateur non seulement devant la destinée d'Œdipe mais aussi devant l'énormité des crimes commis. Aujourd'hui encore, le parricide et l'inceste comptent au nombre des crimes les plus monstrueux.

UNE ACTION EXCEPTIONNELLE ET TROUBLANTE

Reste à déterminer comment Sophocle réussit à faire naître ce sentiment de pitié et de terreur.

L'action d'*Œdipe roi* est à cet égard particulière. Terrible et cruelle par les événements qu'elle met en scène, elle est aussi singulière dans son principe. Elle dresse en effet un fils contre ses parents.

Or, si exceptionnelle soit-elle, cette action s'avère intéresser, inquiéter ou troubler chacun d'entre nous. Les parricides et les incestes sont heureusement rares. Mais l'intrigue d'*Œdipe roi* montre que seul le proche par le sang peut devenir un ennemi, que celui qu'on aime peut faire souffrir. Elle souligne l'ambiguïté des relations. Comment demeurer indifférent à cette révélation qui touche au plus profond de la sensibilité ?

UN HÉROS PARADOXAL

Le choix du personnage principal n'est pas neutre. Héros, Œdipe l'est d'abord dans le sens premier du terme. En triomphant du Sphinx, il a accompli un exploit qui lui a valu le trône de Thèbes. Qu'il soit roi, comme le titre l'indique clairement, ajoute à son prestige, mais ses malheurs n'en deviennent que plus pitoyables. Sa chute émeut davantage que s'il s'agissait d'un criminel insensible.

Sa condition royale l'éloigne certes du commun des mortels, mais il s'en rapproche par ailleurs. D'une part, Œdipe ne bénéficie d'aucun privilège qui lui permettrait, par exemple, d'échapper à l'enquête ou de l'étouffer. C'est au contraire lui-même qui la conduit. D'autre part, ses crimes ne sont pas d'ordre politique. Ils s'inscrivent dans un cadre familial, qui est celui de tout un chacun : un père, une mère, un fils, une épouse. Sa condition sociale n'est donc pas un obstacle à l'intérêt qu'il peut susciter chez le spectateur.

En outre, Œdipe est en même temps coupable et innocent. C'est une exigence indispensable à la naissance de l'émotion dramatique. On ne plaint pas un assassin endurci dans le crime. On s'indigne à l'inverse d'un innocent injustement condamné ou persécuté. Il faut donc que le héros de la tragédie ne soit ni totalement coupable pour qu'on le prenne en pitié, ni totalement innocent pour qu'il terrifie. Tel est Œdipe. Il n'a prémédité aucun forfait, il n'a même pas su qu'il en commettait.

Mais son caractère, son ambition, tout son comportement les ont rendus possibles. Aussi paradoxal que cela paraisse, Œdipe n'est pas un innocent tout à fait innocent (voir pp. 70-71).

UNE SUCCESSION D'AFFRONTEMENTS

Aucune pièce grecque n'est structurée en actes. Le découpage s'effectue en épisodes séparés par les chants du Chœur. L'intrigue s'organise en conséquence en une succession de face-à-face, dont l'intérêt dramatique s'accroît progressivement.

Les interventions du Chœur rompent certes la continuité de l'action. Mais elles en augmentent la force émotive. Chaque épisode possède son intérêt dramatique, que ponctuent les plaintes et le désarroi du Chœur et du Coryphée. La structure de la pièce favorise ainsi l'émergence du pathétique.

LE RESSERREMENT TEMPOREL

La tragédie grecque n'était pas soumise, comme le sera plus tard la tragédie française classique, à la célèbre règle des « trois unités » (de temps, de lieu et d'action). Même si Aristote recommande dans sa *Poétique* de ne pas concevoir d'action dont la durée excède une « révolution du soleil » (donc 24 heures), les dramaturges de l'Antiquité usaient du temps comme bon leur semblait.

Sophocle respecte avant la lettre l'unité de temps. La durée objective du spectacle (une heure et demie environ) coïncide presque idéalement avec la durée supposée de l'action. La succession de rencontres et d'affrontements ne nécessite pas, en effet, plus de temps qu'il n'en faut aux acteurs pour interpréter leur rôle. Tout se passe en peu de minutes. La détresse d'Œdipe n'en est que plus foudroyante.

UN LIEU UNIQUE

De même, l'unité de lieu n'avait rien d'absolu. Aristote ne la mentionne d'ailleurs pas dans sa *Poétique*. *Œdipe roi* l'observe pourtant. La didascalie initiale[1] précise que l'on est « *devant le palais d'Œdipe* ». Une autre indique : « *Œdipe sort du palais et s'adresse au Chœur du haut de son seuil* » (p. 204). De même, p. 205 : « *Œdipe paraît sur son seuil* ». Alertée par les bruits de la querelle entre Créon et Œdipe, « *Jocaste apparaît au seuil du palais* » (p. 219). La pièce s'achève sur la mention qu'« *on fait rentrer Œdipe par la grande porte du palais* » (p. 250).

L'action se déroule donc sur la place bordant le palais royal, sur l'*agora* comme on dit en grec. Cette unicité géographique évite la

1. Une didascalie est une indication scénique.

dispersion de l'attention et augmente la force du drame qui se joue. La vue permanente du palais rappelle concrètement les hautes fonctions qu'occupe Œdipe : « Personne dans sa ville ne pouvait contempler son destin sans envie. », dit le Chœur (p. 250). Sa misère finale n'en devient que plus frappante. Au tout début de la pièce, Œdipe sort, loué et supplié ; à la fin, il rentre aveugle et désespéré.

Après l'exposition[1], le premier affrontement se produit entre Œdipe et Tirésias (pp. 207-213). La prédiction du Prêtre de Zeus laisse sans illusion sur l'issue finale. La question n'est plus de savoir si Œdipe sera parricide et incestueux, mais comment il découvrira qu'il l'a été. Le deuxième affrontement met aux prises Œdipe et Créon : le roi est-il victime d'un complot politique ? L'hypothèse, un instant imaginée, s'évanouit lors du dialogue entre Œdipe et Jocaste (pp. 221-227). Cette conversation du mari et de la femme n'est pas à proprement parler une confrontation entre deux adversaires. Elle n'en revêt pas moins un caractère inquiétant : plus Jocaste tente d'apaiser son mari en lui disant ce qu'elle sait, plus ses propos prennent une coloration tragique, parce qu'ils peuvent s'interpréter en faveur ou en défaveur d'Œdipe.

L'hésitation n'est que de court répit. La double révélation faite par le Corinthien (pp. 230-235) et par le Serviteur de Laïos (pp. 236-239) lève toute incertitude : Œdipe est bien deux fois criminel. Cet épisode, tendu et rapide, s'apparente à une confrontation entre témoins[2]. Le dénouement dès lors est en marche. Entre ces deux moments, le drame s'est accompli. L'unité de lieu remplit ici une fonction tragique.

VRAISEMBLANCE ET INVRAISEMBLANCE

Selon la *Poétique* d'Aristote, « la tragédie imite non des hommes, mais l'action, la vie[3] ». L'action se doit ou aurait dû, en conséquence,

1. L'exposition fait connaître tous les faits nécessaires à la compréhension de la situation initiale.
2. *Œdipe roi* ne ressemble pourtant pas à un drame policier, comme on l'a parfois dit. Dès le début de la pièce, en effet, Tirésias donne la solution de l'énigme.
3. Édition citée, p. 111.

être vraisemblable, du moins rationnelle et logique. Le rationalisme moderne se trouve certes battu en brèche : comment croire à l'existence du Sphinx, à Apollon et à ses oracles, au mythe lui-même qui échappe, par définition, aux catégories du vrai et du faux ? Mais, même en admettant l'incroyable, on ne peut que s'étonner de la double coïncidence sans laquelle *Œdipe roi* ne pourrait se dénouer. La première réside dans le fait que le berger thébain qui, par pitié, a remis le nouveau-né au Corinthien, est le même que celui qui accompagnera, presque vingt ans plus tard, le roi Laïos au carrefour tragique. La seconde coïncidence est de même nature. Ce Corinthien n'est autre que celui qui, plus tard encore, vient à Thèbes annoncer la mort du roi Polybe.

On ne sait si quelqu'un s'en est étonné à l'époque de la création de la pièce. Personne ne s'en est en tout cas déclaré choqué dans l'Antiquité gréco-romaine. Cette invraisemblance était admise, parce qu'elle renforçait un pathétique immédiat[1]. La vérité jaillit en effet tout de suite de la confrontation du berger et du Corinthien. Ainsi Sophocle a-t-il systématiquement mis en œuvre tous les procédés propres à émouvoir.

---

1. Sur le pathétique, voir p. 77.

10 Œdipe après *Œdipe roi*

La tragédie de Sophocle marque le début de la vie littéraire et théâtrale du personnage d'Œdipe. Tant en France qu'en Allemagne, en Italie ou en Angleterre, les malheurs du roi de Thèbes n'ont cessé, jusqu'à nos jours, d'aviver la réflexion et l'imagination des auteurs. Le théâtre au premier chef, le roman, l'opéra et même le cinéma[1], se sont emparés du sujet. Depuis Sophocle, Œdipe est devenu une référence permanente de la création artistique.

Pour les auteurs qui traitent à leur tour de l'histoire d'Œdipe, la difficulté est immense. Refaire l'*Œdipe roi* de Sophocle ne présente évidemment aucun intérêt. Mais, en revanche, s'en écarter s'avère périlleux. Le dramaturge grec a si bien lié sa tragédie au mythe qu'il est malaisé de le trahir sans défigurer le mythe. C'est pourquoi il convient autant de s'intéresser aux œuvres qu'à leur signification et à la manière dont elles utilisent les données légendaires.

L'*ŒDIPE À COLONE* DE SOPHOCLE

Sophocle lui-même mit une seconde fois en scène son personnage, dans *Œdipe à Colone*, sa dernière pièce (voir p. 41).

Le sujet

L'action se déroule à Colone, dans un bois sacré, près d'Athènes. Fille d'Œdipe, Antigone guide son père, vieillard aveugle et exilé de

1. Le cinéaste italien Pier Paolo Pasolini (1922-1975) a produit en 1967 un film intitulé *Edipo re (Œdipe roi)*. À la fin du film, Œdipe, vieilli, joue de la flûte devant une usine après s'être installé sous le porche d'une cathédrale et devient le prophète d'un monde meilleur. Le personnage n'a plus grand-chose de commun avec le héros de Sophocle.

Thèbes, que les habitants de Colone voudraient chasser à cause de ses crimes. Ismène, seconde fille d'Œdipe, vient les avertir que ses frères, Étéocle et Polynice, vont se battre pour la possession du trône de Thèbes[1]. Surviennent aussitôt après Thésée, le roi d'Athènes, et Créon. Tous deux accusent Œdipe d'être responsable de cette lutte fratricide. S'il n'avait pas été incestueux, ses fils ne se voueraient pas une haine contre nature. Devant Thésée et Créon, Œdipe plaide sa cause : il fut, dit-il, parricide et incestueux malgré lui ; la faute en revient aux dieux. Convaincu, Thésée lui accorde sa protection et lui permet de rester à Colone. Mais voici que Polynice accourt demander de l'aide contre son frère Étéocle. Œdipe le chasse en maudissant leur atroce rivalité. Le tonnerre gronde alors. C'est le signe que les dieux l'approuvent, lui pardonnent et sont prêts à l'accueillir. Œdipe s'enfonce seul dans le bois, que l'on dit être le seuil de l'immortalité[2].

Le sens de l'œuvre

De même qu'*Œdipe roi* le présentait puissant mais criminel, de même *Œdipe à Colone* le dépeint déchu mais absous, réconcilié avec lui-même et avec les dieux. La symétrie demeure identique. « C'est donc quand je ne suis plus rien que je deviens vraiment un homme », s'écrie Œdipe. En constatant et surtout en acceptant que sa condition reste à jamais incompréhensible, il atteint à la sérénité. Dépouillé de tout orgueil, sans illusion désormais sur les capacités de l'intelligence humaine, Œdipe s'en remet aux dieux, après avoir touché le fond de l'abîme. Cette soumission le sauve. Sa tombe, est-il précisé, sera bénéfique à la terre qui la porte. La vie d'Œdipe s'achève en apothéose[3].

---

1. Les fils d'Œdipe, Étéocle et Polynice, se disputent la succession du trône de leur père. Ils s'entre-tuent finalement. Racine a traité cet épisode dans sa première pièce, *La Thébaïde* (1662).
2. Sur ce sujet, on pourra lire le roman de Henry Bauchau, *Œdipe sur la route*, coll. « Babel », Éd. Acte Sud.
3. Au sens strict, une apothéose est une déification.

L'*ŒDIPE* DE SÉNÈQUE

Le philosophe latin Sénèque (4 av. J.-C.-65 apr. J.-C.) a composé un *Œdipus*, qui s'inspire très directement de l'*Œdipe roi* de Sophocle. Par rapport à la pièce grecque, Sénèque introduit deux variantes. L'œuvre commence par un dialogue entre Œdipe et Jocaste, épouvantés par la peste qui ravage la ville. Le devin Tirésias interroge les entrailles d'animaux (conformément aux rites de la religion romaine) pour connaître le nom des assassins de Laïos. Les présages restent toutefois obscurs. Par ailleurs, Sénèque campe en Œdipe un héros stoïcien[1] : après s'être crevé les yeux, celui-ci s'éloigne pour un exil volontaire, accablé par son sort mais le supportant avec courage et dignité, comme pour faire front à l'énigmatique volonté des dieux.

LE MYTHE ROMANCÉ

L'*Œdipe* de Corneille (1659)

Au XVIIe siècle, Corneille (1606-1684) s'inspire à son tour du sujet de Sophocle. Tout en en reprenant les données fondamentales, impossibles à modifier (la peste, le parricide et l'inceste), Corneille greffe sur le drame une intrigue amoureuse. Il imagine que Laïos a eu une fille, Dircé, que Thésée, roi d'Athènes, veut épouser. Mais Œdipe la destine à Hémon, le fils de Créon. Alors que la peste ravage la ville, l'« ombre » de Laïos déclare que le fléau disparaîtra dès que le sang aura été versé pour expier le meurtre impuni. Dircé veut aussitôt se sacrifier. Thésée, pour la sauver, se présente comme le fils de Laïos, jadis exposé sur le mont Cithéron. Jocaste ne le croit pas. Bientôt la vérité éclate grâce au témoignage d'un certain Phorbas qui accompagnait le roi Laïos au carrefour fatal et grâce à la révélation d'Iphicrate, qui a autrefois recueilli le nouveau-né.

1. Le stoïcisme est une doctrine philosophique qui professe que le bonheur réside dans la vertu et que le courage, voire l'indifférence devant les malheurs, sont les seules attitudes dignes de l'homme.

La place importante consacrée aux amours de Dircé et de Thésée dépouille la pièce de sa force tragique et ravale le mythe à un schématisme sommaire. Œdipe est le jouet du sort. Même si l'œuvre contient une fort belle tirade en faveur de la liberté, le héros reste un personnage totalement dominé par une puissance mystérieuse qui le dépasse. Le mythe perd sa tragique ambivalence, qui fait d'Œdipe à la fois une victime et un coupable.

L'*Œdipe* de Voltaire (1718)

Voltaire (1694-1778) revient à une plus grande simplicité. Sa pièce critique, par la voix de Jocaste, le pouvoir des prêtres, assimilé à celui de Tirésias[1]. Bâtie sur le ressort de la fatalité, elle n'en essaie pas moins de faire d'Œdipe un personnage complexe. Œdipe se reconnaît, en effet, subjectivement responsable de la mort de son père et de l'inceste commis. Il meurt foudroyé, alors que déjà s'ouvre devant lui l'enfer où il rejoint Laïos. Toutefois, en introduisant dans son œuvre un nouveau personnage, Philoctète, amoureux de la reine Jocaste, Voltaire confère au mythe une coloration galante et romanesque qui le dénature au moins en partie.

LE MYTHE DÉSACRALISÉ

Le XXe siècle a également subi la fascination d'Œdipe. De nombreux opéras et tragédies lyriques lui sont consacrés. Si le phénomène n'est pas inédit puisque le premier opéra traitant d'Œdipe remonte au XVIIIe siècle[2], il a pris une ampleur inaccoutumée. Depuis la musique de scène pour *Œdipe roi* composée en 1904 par l'Italien Ildebrando Pizetti jusqu'à nos jours, on ne compte pas moins de sept créations musicales[3].

---

1. Voltaire a toujours mené un combat contre la puissance politique de l'Église au XVIIIe siècle. En tant que devin, Tirésias préfigure les prêtres.
2. En 1778, Nicolas-François Quillard écrit un livret d'opéra inspiré d'*Œdipe à Colone*, sur une musique d'Antonio Sacchini.
3. Parmi les plus célèbres de ces créations figurent l'*Œdipe roi* de Ruggero Léon Cavallo (1858-1919), joué à Chicago en 1920, et l'*Œdipe roi* d'Igor Stravinsky (1882-1971), créé à Paris en 1920.

En France, le mythe survit au théâtre et dans le roman moderne, mais pour être l'objet d'une remise en cause.

L'*Œdipe* d'André Gide

André Gide (1869-1951) publie en 1930 un drame en trois actes sur Œdipe, représenté pour la première fois en 1932. Gide incorpore au tragique le familier et le burlesque, renonçant de la sorte à la grandeur solennelle et pathétique de la pièce de Sophocle. Il ramène surtout le débat à un problème moral. Convaincu que l'homme n'est pas libre, Gide dénie à Œdipe toute responsabilité dans ses actions. « Ce que j'ai fait, je ne pouvais pas ne pas le faire », fait-il dire à son personnage. Aussi Œdipe se révolte-t-il contre Tirésias qui l'invite à se repentir. Condamné par les dieux, Œdipe condamne à son tour les dieux. Ce qu'il ne fait pas chez Sophocle.

La Machine infernale de Cocteau

Jean Cocteau (1889-1963) va plus loin encore que Gide dans la voie de la désacralisation. *La Machine infernale* (1934) recourt délibérément à l'insolite, à la drôlerie ou à l'anachronisme. Cocteau imagine le Sphinx sous les traits d'une jeune fille qui, par tendresse pour Œdipe, lui fournit le moyen de résoudre l'énigme. Ailleurs, Jocaste use d'expressions envers Œdipe, telles que « Mon gros bébé », qui suffisent à faire basculer l'allusion à l'inceste dans le comique. La fantaisie, la caricature du tragique assurent à la pièce son unité. Mais, sauf au dénouement plein de tendresse grave, on est loin de Sophocle.

Les Gommes d'Alain Robbe-Grillet, un roman de démythification

Alain Robbe-Grillet (né en 1922) publie en 1953 *Les Gommes*, parodie d'un roman policier. Un homme est victime d'un attentat politique. On confie l'enquête à l'inspecteur Wallas. Bientôt les détails rappellent la présence du mythe. Des rideaux évoquent un enfant recueilli par des bergers ; là, une statuette représente un « vieil aveugle guidé par un enfant» ; plus loin, un ivrogne interroge les passants : «Quel est l'animal qui, le matin [...] ? ». En réalité, le mort sur lequel enquête Wallas n'est pas mort ; c'est lui qui, durant ses recherches, finira par le tuer. Wallas est un Œdipe renversé en quelque sorte. Il va tuer, il n'a pas déjà tué comme dans la tragédie de Sophocle. Quant à l'inceste, il est simplement suggéré par un instant de trouble chez une libraire (à qui Wallas achète des «gommes»), qui pourrait être de sa famille.

Dans ce roman où rien n'est clair, où tout est incertain, à l'exemple des réponses obliques de l'oracle d'Apollon, la volonté de réduire les aventures d'Œdipe à une histoire banale, dénuée de toute résonance tragique, l'emporte.

Le XXe siècle adopte donc une attitude paradoxale face au mythe d'Œdipe. D'un côté, il le réécrit ; de l'autre, il lui enlève son mystère et son tragique. Cette évolution était sans doute inévitable. Dans l'impossibilité d'être Sophocle après Sophocle, les auteurs ont souvent opté pour le jeu et la dérision. Et comment raconter Œdipe alors que son sort est fixé et connu depuis des siècles ?

11 Œdipe et le complexe d'Œdipe

Depuis la fin du XIXe siècle, le nom d'Œdipe est inséparable du « complexe d'Œdipe ». Cette dernière notion est même devenue si courante que, lorsqu'on parle aujourd'hui d'Œdipe, on songe plus à ce « complexe » qu'au personnage de Sophocle. Preuve supplémentaire de son importance et de sa banalisation, on dit parfois « l'œdipe » pour désigner ce « complexe ». La transformation du nom propre en nom commun atteste son prestige.

L'expression qualifie une théorie de la vie psychique[1] et affective que Sigmund Freud (1856-1939), le fondateur de la psychanalyse, a élaborée en 1897. Quelle est-elle ? Pourquoi la baptiser du nom d'Œdipe ? Quels rapports entretient-elle avec la tragédie et le héros de Sophocle ? Telles sont les principales questions que soulève la confrontation du texte littéraire et de la théorie freudienne.

LE COMPLEXE D'ŒDIPE

La psychanalyse se propose d'analyser comment se forme et se manifeste la conscience[2]. Dans l'évolution de celle-ci, le complexe d'Œdipe tient une place centrale. Par « complexe », il faut comprendre non une forme de timidité ou d'agression, mais le réseau de relations et de liens qui constituent le fondement de l'affectivité. Le mot doit être pris au sens propre : est « complexe » toute structure qui réunit des éléments différents. Aucun homme n'y échappe. C'est une situation universelle et inévitable.

1. La vie psychique est la vie de la pensée, de l'esprit. L'étudier consiste à analyser son fonctionnement.
2. La conscience n'a pas ici de sens moral. Elle désigne en psychanalyse la faculté qu'a l'homme de se connaître.

Les origines du complexe

Selon Freud, l'individu est soumis, dès sa naissance, à la loi primordiale de la sexualité. Elle est la force de vie, qui s'oppose à la force de mort. Elle n'est à l'origine qu'une pulsion, qu'une libido, c'est-à-dire une énergie. Mais, très tôt, cette énergie se mue en désir de l'Autre. Chez le jeune enfant, l'Autre ne peut s'identifier qu'à ses parents. Il entre dès lors sous la domination du complexe d'Œdipe.

Les formes du complexe

Sous sa forme la plus simple, le complexe d'Œdipe se traduit par un attachement érotique du garçon pour sa mère. Le mécanisme décrit par Freud comporte trois étapes.

D'abord le jeune garçon, découvrant le sein maternel, désire progressivement sa mère. Il cherche alors à s'identifier à son père, c'est-à-dire qu'il souhaite avoir le même statut que lui.

Dans un deuxième temps, le renforcement des désirs sexuels du garçon pour sa mère conduit l'enfant à vouloir prendre la place de son père. Celui-ci apparaît alors comme un obstacle.

L'identification au père prend, dans un troisième temps, une teinte logiquement hostile. Elle devient désir de l'écarter et de le remplacer auprès de la mère.

Cette forme simple du complexe s'aggrave du fait que, toujours selon Freud, l'individu est originellement bisexuel. Comprenons qu'il possède des dispositions psychiques à la fois masculines et féminines. Or, pour neutraliser le père, envers qui l'enfant adopte une attitude jalouse et hostile, celui-ci peut être tenté de le séduire, donc de développer des dispositions féminines. Si celles-ci se développent et persistent durablement, elles peuvent influer sur la sexualité future de l'adulte.

La sortie du complexe

Si le complexe d'Œdipe constitue une phase naturelle du développement affectif, il ne saurait toutefois perdurer. Sa disparition dépend essentiellement des normes culturelles et sociales d'une civilisation. La nôtre définit comme normale la sexualité utile à la procréation. Le renoncement à la mère n'est pas, en effet, dicté par une loi biologique, mais par un interdit : celui de l'inceste. Cet interdit est d'ordre moral, culturel, mais non naturel.

Un fait culturel majeur

Le complexe d'Œdipe apparaît ainsi comme un moyen de permettre la socialisation de l'individu par le biais du mariage. Certains mythologues et psychanalystes n'hésitent pas à affirmer qu'on trouve dans les conditions qui favorisent la disparition du complexe d'Œdipe les commencements à la fois de la religion, de la morale, de la société et de l'art. L'interdit de l'inceste trace la limite où la culture se constitue en se séparant de la nature.

POURQUOI LE NOM « COMPLEXE D'ŒDIPE » ?

Si Freud a baptisé ce complexe du nom d'Œdipe, c'est qu'il a vu dans la destinée du personnage de Sophocle une image de la condition humaine en général.

Œdipe notre frère

Freud interprète symboliquement la tragédie grecque. Au moins de façon métaphorique, tout homme tue son père, puisqu'il lui survit le plus souvent ; et tout homme rêve d'épouser sa mère puisqu'il l'aime. Chacun se retrouve donc dans la position d'Œdipe. « Le roi Œdipe qui a tué son père, Laïos, et épousé Jocaste, sa mère, n'est que l'accomplissement du désir de notre enfance », écrit Freud dans *L'Interprétation des rêves* (1899).

Mais l'individu reste séparé de cet « accomplissement du désir » par la barrière de l'inceste. Aussi ne peut-il en voir la représentation, ni même en supporter l'idée. « Chaque auditeur fut un jour en germe et dans le fantasme[1], un Œdipe, et s'épouvante devant l'accomplissement de son rêve passé dans la réalité ; il frémit suivant toute la mesure du refoulement qui sépare son état infantile de son état actuel » (Freud, *Correspondance*). Œdipe est donc notre semblable.

La peste

Freud avait coutume de comparer la psychanalyse à une peste – à l'image de celle qui ravage, précisément, Thèbes dans *Œdipe roi*. Cette peste, c'est la prise de conscience, que permet la psychanalyse, du malaise et de la névrose qui découlent de l'interdit culturel. Elle nous oblige à mener une enquête sur nos origines, démarche identique à celle qu'entreprend Œdipe. Elle est la recherche lointaine d'une trace presque effacée de notre existence première, et qui a noué notre destin. À l'exemple d'Œdipe, il faut en assumer les conséquences, porter ce crime obscur et symbolique, sans que nous en soyons pour autant responsables.

ŒDIPE ET LE COMPLEXE D'ŒDIPE

Freud présentant ce « complexe » comme un stade obligé, mais transitoire, de l'affectivité, il est bien évident qu'Œdipe, en tant qu'homme, a connu cette période. Là, toutefois, n'est pas la question. Dans la mesure, en effet, où Freud se réfère explicitement à Œdipe, la question se pose de savoir si le personnage d'Œdipe, tel que Sophocle le campe dans sa tragédie, est atteint de ce « complexe ».

Or, force est de constater que ce n'est pas vraiment le cas. Dans la pièce de Sophocle, Œdipe n'a jamais souhaité la mort de son père. Certes il le tue – mais sans le vouloir, ni le savoir. Les faits ne laissent à ce sujet aucun doute. Sur la route de Delphes à Thèbes, Œdipe se voit refuser le passage à un carrefour. S'engage une dispute qui dégénère en combat. Il est d'ailleurs probable que si Œdipe

1. Fantasme : imagination.

avait su que le vieillard rencontré était son père, il n'y aurait pas eu de lutte.

Le même raisonnement vaut pour l'inceste que commet Œdipe. Celui-ci ne désire pas sa mère. On ignore quels sentiments véritables Œdipe éprouve pour la reine de Thèbes. Sa victoire sur le Sphinx fait d'elle son épouse. Est-ce un mariage de raison ? une union dictée par l'intérêt ou par l'ambition d'accéder au pouvoir ? En supposant même qu'Œdipe aime Jocaste, il désire une femme qu'il ignore à ce moment-là être sa mère. S'il est coupable d'inceste, il n'est pas coupable du désir d'inceste. Là encore, si Œdipe avait su plus tôt la vérité, il aurait sans doute agi autrement.

L'interprétation que Freud donne de la légende n'est donc pas conforme à la tradition mythique. Le paradoxe n'est pas mince. Freud baptise ce « complexe » du nom d'un personnage légendaire qui n'en est pas vraiment victime.

DE LA PSYCHANALYSE AU MYTHE

Qu'Œdipe, de personnage de théâtre qu'il était, devienne par l'entremise de la psychanalyse un « œdipe » ne doit pas trop déconcerter. Même si la thèse freudienne ne correspond pas exactement aux données légendaires, elle ne perd pas pour autant de sa valeur.

Grâce à une aide psychologique (une analyse, dit-on dans le vocabulaire de la psychanalyse), il est aussi possible de soigner ceux et celles qui n'ont pas réussi à surmonter leur « œdipe ».

La psychanalyse revivifie en outre le mythe. Rien n'est vrai, rien n'est faux, a-t-on vu à propos de la définition du mythe[1]. Celui-ci est toujours l'objet de possibles enrichissements. Le mythe n'élimine ni ne rejette jamais rien. Il se nourrit au contraire de tous les apports imaginables. L'interprétation freudienne offre l'immense mérite, sur le

1. Voir p. 44.

plan littéraire et des mentalités, d'observer comment un mythe ancien peut connaître des développements inattendus. Le phénomène n'est pas très fréquent.

Enfin, cet apport, extra-littéraire à l'origine, retentit sur la littérature. Nombre de romanciers modernes ont fait du complexe d'Œdipe (de l'« œdipe ») le sujet de leurs œuvres. Peu importe que l'action se déroule ailleurs qu'à Thèbes ou que le héros du livre porte un autre nom. Il suffit que le personnage parte à la quête douloureuse et énigmatique de son passé, qu'il ne sache pas s'il a ou non tué son père, s'il a ou non épousé sa mère. Cela suffit à lui faire mettre ses pas dans ceux d'Œdipe. Tel est, par exemple, le cas de Wallas dans *Les Gommes* d'Alain Robbe-Grillet (voir p. 71).

Par la psychanalyse, le mythe d'Œdipe appartient à la fois à l'ordre du savoir et à celui de la littérature proprement dite. La pensée scientifique revivifie le mythe littéraire. Tant qu'il en sera ainsi, le mythe d'Œdipe survivra dans les œuvres et dans nos consciences.

TROISIÈME PARTIE

Cinq lectures analytiques

Texte 1 (pages 197-198)

LE PRÊTRE : Eh bien ! je parlerai. Ô souverain de mon pays, Œdipe, tu vois l'âge de tous ces suppliants à genoux devant tes autels[1]. Les uns n'ont pas encore la force de voler bien loin, les autres sont accablés par la vieillesse ; je suis, moi, prêtre de Zeus, ils forment, eux, un choix de jeunes gens. Tout le reste du peuple, pieusement paré, est à genoux, ou sur nos places, ou devant les deux temples consacrés à Pallas, ou encore près de la cendre prophétique d'Isménos[2]. Tu le vois comme nous, Thèbes, prise dans la houle, n'est plus en état de tenir la tête au-dessus du flot meurtrier. La mort la frappe dans les germes où se forment les fruits de son sol, la mort la frappe dans ses troupeaux de bœufs, dans ses femmes, qui n'enfantent plus la vie. Une déesse porte-torche, déesse affreuse entre toutes, la Peste, s'est abattue sur nous, fouaillant notre ville et vidant peu à peu la maison de Cadmos[3], cependant que le noir Enfer va s'enrichissant de nos plaintes, de nos sanglots. Certes ni moi ni ces enfants, à genoux devant ton foyer, nous ne t'égalons aux dieux ; non, mais nous t'estimons le premier de tous les mortels dans les incidents de notre existence et les conjonctures créées par les dieux. Il t'a suffi d'entrer jadis dans cette ville de Cadmos pour la libérer du tribut qu'elle payait alors à l'horrible Chanteuse[4]. Tu n'avais rien appris pourtant de la bouche d'aucun de nous, tu n'avais reçu aucune leçon : c'est par l'aide d'un dieu – chacun le dit, chacun le pense – que tu as su

1. Ces « autels » sont dressés à la gloire d'Œdipe.
2. « La cendre prophétique d'Isménos » : Isménos était le fils du dieu Apollon ; à ce titre, il avait un temple à Thèbes. Selon la tradition, on y examinait des « cendres » pour y prédire l'avenir.
3. « La maison de Cadmos » : selon la légende, Cadmos fut le fondateur et le premier roi de Thèbes. L'expression est métaphorique : elle désigne Thèbes.
4. « L'horrible Chanteuse » : le Sphinx, qui posait ses questions sous une forme versifiée.

relever notre fortune. Eh bien ! cette fois encore, puissant Œdipe aimé de tous ici, à tes pieds, nous t'implorons. Découvre pour nous un secours. Que la voix d'un dieu te l'enseigne ou qu'un mortel t'en instruise, n'importe ! Les hommes éprouvés se trouvent aussi ceux dont je vois les conseils le plus souvent couronnés de succès. Oui, redresse notre ville, ô toi, le meilleur des humains ! Oui, prends garde pour toi-même ! Ce pays aujourd'hui t'appelle son sauveur, pour l'ardeur à le servir que tu lui montras naguère : ne va pas maintenant lui laisser de ton règne ce triste souvenir qu'après notre relèvement il aura ensuite marqué notre chute. Redresse cette ville définitivement. C'est sous d'heureux auspices que tu nous apportas autrefois le salut : ce que tu fus, sois-le encore. Aussi bien, si tu dois régner sur cette terre, comme tu y règnes aujourd'hui, ne vaut-il pas mieux pour cela qu'elle soit peuplée que déserte ? Un rempart, un vaisseau ne sont rien, s'il n'y a plus d'hommes pour les occuper.

INTRODUCTION

Situer le passage

L'extrait appartient à ce que, dans la tragédie grecque, on appelle le *prologos*, c'est-à-dire à la partie de la pièce qui précède l'apparition du Chœur. C'est l'équivalent de l'exposition dans la tragédie classique.

Œdipe vient de sortir de son palais, comme l'en a supplié un groupe d'enfants accroupis sur les marches. Œdipe s'étonne : que veulent-ils ? Un « vieillard » est au milieu d'eux. Qu'il parle donc. Œdipe est prêt à l'écouter et à exaucer toute demande.

Dégager des axes de lecture

Ce discours renferme et explicite les conditions de son énonciation, comme il est fréquent dans une scène d'exposition : elles informent autant Œdipe que le public. C'est une supplique pathétique, qui fait d'emblée l'héroïsation d'Œdipe.

PREMIER AXE DE LECTURE
LES CONDITIONS DE L'ÉNONCIATION

Le porte-parole de la cité

À la différence d'Œdipe à qui il s'adresse («ô souverain», l. 1), le «vieillard» ne porte pas de nom, il s'identifie à sa fonction: «prêtre de Zeus» (l. 5). Cet anonymat suggère qu'il ne parle pas par intérêt personnel: il s'exprime au nom des Thébains, dont il se présente comme le porte-parole.

D'où la fréquence, dans ses propos, des références collectives, qu'il s'agisse des pronoms personnels («nous»), des adjectifs possessifs («nos») ou de substantifs collectifs: «Thèbes» (l. 9), «les femmes» (l. 13), «les hommes» (l. 30), «notre ville» (l. 32).

Les indications scéniques

Le «prêtre» présente à Œdipe («tu vois», l. 2) ceux au nom de qui il parle: des enfants en bas âge qui, tels des oisillons, «n'ont pas encore la force de voler bien loin» (l. 3); des «jeunes gens» dans la pleine possession de leurs moyens; d'autres sont «accablés par la vieillesse» (l. 4).

La tragédie débute donc par une scène à grand spectacle, qui est à l'image de ce qui se passe partout ailleurs, sur les «places» ou devant les deux temples consacrés à «Pallas» ou à Isménos (l. 7-8).

Une mise en scène symbolique

Cette foule constitue un tableau symbolique des trois âges de la vie. Elle rappelle, par là-même, la solution de l'énigme que le Sphinx avait posée à Œdipe. L'«Homme», on s'en souvient, est celui qui, le «matin», marche à quatre pattes (quand il est bébé); le «midi», sur ses deux jambes (quand il est adulte); et le «soir», sur trois «pattes», quand il s'appuie sur une canne.

Ainsi, sans encore le savoir, Œdipe, face à ses sujets, se trouve déjà face à lui-même. Il lui faudra résoudre une nouvelle énigme, que cette fois il incarnera: qu'est-ce que l'homme? La mise en scène revêt ici une signification philosophique.

DEUXIÈME AXE DE LECTURE
UNE SUPPLIQUE PATHÉTIQUE

Le discours du « prêtre » s'apparente à une prière. Non qu'Œdipe soit vraiment un dieu : « nous ne t'égalons [pas] aux dieux » (l. 18), mais Tirésias s'adresse à Œdipe comme s'il était un dieu. Il le qualifie de « premier de tous les mortels » (l. 19), de « meilleur des humains » (l. 32), et même de « sauveur » (l. 34).

L'attitude de la foule, « suppliante », « à genoux » (l. 2), confère d'ailleurs à la scène l'aspect d'une cérémonie religieuse.

Un tableau pathétique

La situation de Thèbes, accablée par la peste, explique cette prière. Le « prêtre » fait du fléau une description saisissante, qui suscite l'horreur et la pitié.

Le champ lexical de la mort est omniprésent : « flot meurtrier » (l. 10), « la mort ». Les verbes de mouvement suggèrent la propagation du fléau : la peste « frappe » (l. 11), « fouaille[1] », et « vide » les maisons (l. 14-15). Les images sont d'une extrême violence : la peste est un « flot » que rien n'endigue, elle est personnifiée sous la forme d'une « déesse porte-torche », d'une « déesse affreuse » (l. 14).

La cadence ternaire de certaines phrases martèle l'image et l'idée d'un désastre absolu :

> La mort la frappe dans les germes où se forment les fruits de son sol/, la mort la frappe dans ses troupeaux de bœufs/dans ses femmes qui n'enfantent plus la vie.

Sous toutes ses formes, la vie disparaît.

Une supplique pressante et habile

Aussi, devant une telle catastrophe, la prière du « prêtre » se transforme-t-elle en supplique. C'est un appel au « secours » (l. 28) et une imploration. La multiplication des impératifs illustre la détresse de la ville, l'urgence d'une solution.

1. « Fouailler » : frapper de coups répétés.

> Découvre pour nous un secours. [...]. Oui, redresse notre ville! Oui, prends garde... (l. 27-33).

En bon orateur, le «prêtre» joint le conseil à la supplique. Combattre la peste est de l'intérêt des Thébains, mais aussi... d'Œdipe lui-même. S'il veut conserver le pouvoir, il ne peut que souhaiter une ville opulente et peuplée, car «un rempart, un vaisseau ne sont rien, s'il n'y a plus d'hommes pour les occuper» (l. 41-43).

TROISIÈME AXE DE LECTURE
L'HÉROÏSATION D'ŒDIPE

Une gradation dans l'éloge

La supplique du prêtre est en même temps un portrait d'Œdipe.

Elle montre comment la Cité le considère. C'est un éloge permanent qui appartient au registre de l'épidictique[1], et qui va *crescendo*. Œdipe est d'abord qualifié de «souverain» (l. 1), puis d'être exceptionnel au-dessus du commun des mortels, «le premier», «le meilleur de tous». Il devient enfin le «sauveur» (l. 34).

Cette héroïsation progressive fait d'Œdipe un «héros», au sens premier du terme: un intermédiaire entre la divinité et les hommes, un demi-dieu. Chacun pense d'ailleurs qu'il est le protégé d'un dieu (l. 25).

Un éloge justifié et à justifier

Aux yeux des Thébains, la fonction royale n'est pas d'ordre strictement gouvernemental ou politique. C'est aussi une fonction protectrice, quasi religieuse.

Œdipe l'a déjà pleinement assumée, en libérant la ville de «l'horrible Chanteuse» (le Sphinx, l. 23): «Ce pays aujourd'hui t'appelle son sauveur, pour l'ardeur à le servir que tu lui montrais naguère» (l. 33-34). Le passé justifie l'éloge, qui est en même temps un appel à toujours le mériter: «Redresse cette ville définitivement.»

---

1. «Épidictique»: ce qui relève du discours d'apparat, tel que l'éloge (ou l'inverse, le blâme).

Cette tirade du « prêtre » expose la situation. Elle est dramatique : la survie même de Thèbes est en jeu. Frappé d'horreur, le spectateur est aussi inquiet : comment faire reculer le fléau ? Si intelligent soit-il, comment Œdipe s'y prendra-t-il ?

Texte 2 (pages 209-210)

TIRÉSIAS : Vraiment ? Eh bien, je te somme, moi, de t'en tenir à l'ordre que tu as proclamé toi-même et donc de ne plus parler de ce jour à qui que ce soit, ni à moi, ni à ces gens ; car, sache-le, c'est toi, c'est toi, le criminel qui souille ce pays !

ŒDIPE : Quoi ? tu as l'impudence de lâcher pareil mot ! Mais comment crois-tu donc te dérober ensuite ?

TIRÉSIAS : Je demeure hors de tes atteintes, en moi vit la force du vrai.

ŒDIPE : Et qui t'aurait appris le vrai ? Ce n'est certes pas ton art.

TIRÉSIAS : C'est toi, puisque tu m'as poussé à parler malgré moi.

ŒDIPE : Et à dire quoi ? répète, que je sache mieux.

TIRÉSIAS : N'as-tu donc pas compris ? Ou bien me tâtes-tu pour me faire parler ?

ŒDIPE : Pas assez pour dire que j'ai bien saisi. Va, répète encore.

TIRÉSIAS : Je dis que c'est toi l'assassin cherché.

ŒDIPE : Ah ! tu ne répéteras pas telles horreurs impunément !

TIRÉSIAS : Et dois-je encore, pour accroître ta fureur…

ŒDIPE : Dis ce que tu voudras : tu parleras pour rien.

TIRÉSIAS : Eh bien donc, je le dis. Sans le savoir, tu vis dans un commerce infâme avec les plus proches des tiens, et sans te rendre compte du degré de misère où tu es parvenu.

ŒDIPE : Et tu t'imagines pouvoir en dire plus sans qu'il t'en coûte rien ?

TIRÉSIAS : Oui, si la vérité garde quelque pouvoir.

ŒDIPE : Ailleurs, mais pas chez toi ! Non, pas chez un aveugle, dont l'âme et les oreilles sont aussi fermées que les yeux !

TIRÉSIAS : Mais toi aussi, tu n'es qu'un malheureux, quand tu me lances des outrages que tous ces gens bientôt te lanceront aussi.

ŒDIPE : Tu ne vis, toi, que de ténèbres : comment donc me pourrais-tu nuire, à moi, comme à quiconque voit la clarté du jour ?

TIRÉSIAS : Non, mon destin n'est pas de tomber sous tes coups : Apollon n'aurait pas de peine à te les faire payer.

ŒDIPE : Est-ce Créon ou toi qui inventas l'histoire ?

TIRÉSIAS : Ce n'est pas Créon qui te perd, c'est toi.

INTRODUCTION

Situer le passage

Selon l'oracle, rapporté de Delphes par Créon, la peste, dont souffre Thèbes, est une malédiction divine : le fléau perdurera tant que ne seront pas châtiés les meurtriers du roi Laïos. Œdipe s'est solennellement engagé à démasquer et à punir les coupables. Sur les conseils du Coryphée, il consulte Tirésias, le devin le plus célèbre de la Grèce. Celui-ci refuse d'abord de parler, au prétexte, dit-il, que « les malheurs viendront bien seuls » (p. 209). Œdipe s'emporte, impute le mutisme de Tirésias à un désir de cacher la vérité : c'est lui, le devin, qui a « tramé le crime » (p. 209). Tirésias se décide alors à révéler ce qu'il sait.

Dégager des axes de lecture

L'extrait est un exemple d'*agôn*, si fréquent dans la tragédie grecque[1] : c'est une scène d'affrontement, constamment dramatique, tant par les révélations de Tirésias que par l'égarement persistant d'Œdipe.

1. Voir plus haut, p. 18.

PREMIER AXE DE LECTURE
UNE SCÈNE D'AFFRONTEMENT

Un face-à-face tendu

Le dialogue est constitué de courtes répliques, selon la technique de la stichomythie[1] : des réponses brèves succèdent à des questions elles-mêmes rapides. Grammaticalement, ce sont souvent des phrases simples: «Et à dire quoi?» (l. 14); «N'as-tu donc pas compris?» (l. 15). Questions et réponses rebondissent par la reprise d'un même mot:

> TIRÉSIAS: [...] en moi vit la force du vrai.
> ŒDIPE: Et qui t'aurait appris le vrai?

Placer en début de phrase, la conjonction de coordination «et» relance en permanence l'affrontement: «<u>Et</u> qui t'aurait appris...? » (l. 10) ; « <u>Et</u> à dire quoi?» (l. 14); «<u>Et</u> dois-je encore...» (l. 22); «<u>Et</u> tu t'imagines...» (l. 27); C'est un emploi particulier de la conjonction. De «fureur» enfin, Œdipe interrompt Tirésias (l. 22).

Accusation contre accusation

La vivacité et la violence de l'échange découlent d'une incompréhension mutuelle.

Œdipe, qui se croit (à ce stade de l'action) sincèrement innocent, ne peut admettre que Tirésias l'accuse d'être ce «criminel qui souille le pays» (l. 4-5). Dans son esprit, Tirésias ne peut donc que mentir. La mise en cause de l'«art» (de la science) du devin constitue un leitmotiv du passage: «Et qui t'aurait appris le vrai?» (l. 10); la vérité loge «ailleurs, mais pas chez toi» (l. 30); «tu ne vis que de ténèbres» (l. 35). Et si Tirésias ment, c'est qu'il est le complice de Créon: «Est-ce Créon ou toi qui inventas l'histoire?» (l. 40). C'est accusation contre accusation.

Mais c'est aussi indignation contre indignation. Pas plus qu'Œdipe ne peut admettre la «vérité» de Tirésias, pas plus Tirésias ne peut supporter les soupçons d'Œdipe. N'est-il pas le devin le plus célèbre du pays? L'affrontement, dans ces conditions, est sans issue.

---

1. Voir plus haut, p. 21.

DEUXIÈME AXE DE LECTURE
UN AFFRONTEMENT DRAMATIQUE

Un intérêt dramatique habilement ménagé

En plaçant cette scène presqu'au début de sa pièce, Sophocle rompt avec les procédés traditionnels qui veulent que l'identité du criminel ne soit révélée qu'à la fin. Malgré les apparences, l'intérêt dramatique n'en est pas pour autant affaibli.

Tirésias commence par prendre Œdipe au piège de son propre engagement[1] : « Je te somme, moi, de t'en tenir à l'ordre que tu as proclamé toi-même » (l. 1-2). C'est débuter, pour ainsi dire, par la fin, c'est-à-dire par la condamnation. L'effet est garanti : c'est un choc. L'explication vient ensuite : « Car, sache-le, c'est toi... » (l. 4).

Tirésias passe ensuite d'une révélation à une autre : de l'accusation clairement formulée : « c'est toi l'assassin » (l. 19), il glisse à celle d'inceste : « Sans le savoir, tu vis dans un commerce infâme avec les plus proches des tiens » (l. 24-25).

Pour Œdipe, l'allusion est incompréhensible. Pour le lecteur moderne qui ne connaîtrait pas le mythe d'Œdipe, l'intérêt rebondit : l'oracle dit-il la vérité ? Pour ceux qui connaissent le mythe, ils ne peuvent que plaindre Œdipe. Dans tous les cas, l'émotion et l'angoisse, l'horreur et la pitié envahissent le spectateur (ou le lecteur).

Un langage à double sens

Certaines formules prennent une résonance d'autant plus pathétique qu'elles annoncent le dénouement. Toute la fin de l'extrait est en effet bâtie sur l'opposition de la lumière et des ténèbres, de la vue et de l'aveuglement.

Cette opposition est double. Physiquement, Tirésias est aveugle ; Œdipe ne l'est pas, mais il le deviendra. Aussi quand il raille la cécité de Tirésias (l. 30), ses reproches se teintent-ils d'une ironie tragique[2].

---

1. On se souvient qu'Œdipe a voué le coupable – quel qu'il soit – à l'exil et à une solitude terrible ; voir plus haut, pour plus de détails, p. 15.
2. Voir plus haut, p. 13.

Moralement, en revanche, la situation est inverse: Œdipe voit mais ne sait pas ; Tirésias ne voit pas, mais sait. L'inconscience d'Œdipe devient dès lors pathétique[1], quand il s'écrie:

> Tu ne vis, toi, que de ténèbres: comment donc me pourrais-tu nuire, à moi, comme à quiconque voit la clarté du jour? (l. 35-37).

Quel est le plus «aveugle» des deux?

TROISIÈME AXE DE LECTURE
L'ÉGAREMENT TRAGIQUE D'ŒDIPE

La défaite d'Œdipe

Cette scène d'affrontement s'achève, malgré les apparences, par la défaite d'Œdipe.

Son caractère se révèle: emporté et violent, obstiné et autoritaire. Il menace constamment Tirésias:

> Mais comment crois-tu donc te dérober ensuite? (l.7);

> Ah! tu ne répéteras de telles horreurs impunément! (l. 20);

> Et tu t'imagines pouvoir en dire plus sans qu'il t'en coûte rien? (l. 27).

Ces menaces constituent une triple erreur:
- elles montrent d'abord qu'Œdipe a perdu sa légendaire clairvoyance (dont il fit notamment preuve en résolvant l'énigme du Sphinx);
- elles sont une erreur tactique: en «outrageant» Tirésias, Œdipe perd un allié, qui jusqu'ici se taisait;
- elles sont enfin une forme de sacrilège: Tirésias est un «prêtre» d'Apollon dont la personne est, par définition, sacrée et respectée de tous.

Pour aggraver son cas, Œdipe affronte publiquement Tirésias: par l'intermédiaire du Chœur, représentant de la cité, tout Thèbes est au courant.

---

1. Voir plus haut, pp. 77-78.

UN RENVERSEMENT DE SITUATION

La situation d'Œdipe s'inverse brutalement. Jusqu'ici, il était apparu comme un roi sage, soucieux du sort de son peuple, et prenant les bonnes décisions. Le voici maintenant en position d'accusé. « C'est toi » revient comme un motif lancinant dans la bouche de Tirésias : « Le criminel, c'est toi » (l. 4) ; « c'est lui l'assassin » ; « Ce n'est pas Créon qui te perd, c'est toi » (l. 41).

Ce revirement est exemplaire du fait tragique grec : le basculement du bonheur dans le malheur, de la gloire dans la honte, de l'innocence dans la culpabilité. Comme le lui dit Tirésias, Œdipe ne se rend pas « compte du degré de misère où [il] est parvenu » (l. 26).

L'extrait réoriente l'enquête sur la mort de Laïos. La question n'est plus : qui est le coupable ? Elle devient : Œdipe est-il coupable ? Il reste à ce dernier à retrouver sa clairvoyance – pour son plus grand malheur.

Texte 3 (pages 222-223)

JOCASTE : Va, absous-toi toi-même du crime dont tu parles, et écoute-moi. Tu verras que jamais créature humaine ne posséda rien de l'art de prédire. Et je vais t'en donner la preuve en peu de mots. Un oracle arriva jadis à Laïos, non d'Apollon lui-même mais de ses serviteurs. Le sort qu'il avait à attendre était de périr sous le bras d'un fils qui naîtrait de lui et de moi. Or Laïos, dit la rumeur publique, ce sont des brigands qui l'ont abattu, au croisement de deux chemins, et d'autre part, l'enfant une fois né, trois jours ne s'étaient pas écoulés, que déjà Laïos, lui liant les talons, l'avait fait jeter sur un mont désert. Là aussi, Apollon ne put faire ni que le fils tuât son père, ni que Laïos, comme il le redoutait, pérît par la main de son fils. C'était bien pourtant le destin que des voix prophétiques nous avaient signifié ! De ces voix-là ne tiens donc aucun compte. Les choses dont un dieu poursuit l'achèvement, il saura bien les révéler lui-même.

ŒDIPE : Ah ! comme à t'entendre, je sens soudain, ô femme, mon âme qui s'égare, ma raison qui chancelle !

JOCASTE : Quelle inquiétude te fait soudainement regarder en arrière ?

ŒDIPE : Tu as bien dit ceci : Laïos aurait été tué au croisement de deux chemins !

JOCASTE : On l'a dit alors, on le dit toujours.

ŒDIPE : Et en quel pays se place l'endroit où Laïos aura subi ce sort ?

JOCASTE : Le pays est la Phocide ; le carrefour est celui où se joignent les deux chemins qui viennent de Delphes et de Daulia.

ŒDIPE : Et combien de temps serait-il passé depuis l'événement ?

JOCASTE : C'est un peu avant le jour où fut reconnu ton pouvoir sur Thèbes que la nouvelle en fut apportée ici.

ŒDIPE : Ah ! que songes-tu donc, Zeus, à faire de moi ?

JOCASTE : Quel est le souci qui te tient, Œdipe ?

ŒDIPE : Attends encore un peu pour m'interroger. Et Laïos, quelle était son allure ? quel âge portait-il ?

JOCASTE : Il était grand. Les cheveux sur son front commençaient à blanchir. Son aspect n'était pas très éloigné du tien.

ŒDIPE : Malheureux ! je crains bien d'avoir, sans m'en douter, lancé contre moi-même tout à l'heure d'étranges malédictions.

JOCASTE : Que dis-tu, seigneur ? Je tremble à te regarder.

ŒDIPE : Je perds terriblement courage à l'idée que le devin ne voie trop clair. Tu achèveras de me le prouver d'un seul mot encore.

JOCASTE : Certes j'ai peur aussi ; mais apprends-moi ce que tu veux savoir et je te répondrai.

ŒDIPE : Laïos allait-il en modeste équipage ? ou entouré de gardes en nombre, ainsi qu'il convient à un souverain ?

JOCASTE : Ils étaient cinq en tout, dont un héraut. Un chariot portait Laïos.

ŒDIPE : Ah ! cette fois tout est clair !...

INTRODUCTION

Situer le passage

Créon et Œdipe viennent de s'opposer violemment. Après avoir séparé les deux hommes, Jocaste s'informe auprès d'Œdipe des raisons de leur conflit. Créon, en accord sans doute avec ce « coquin » de Tirésias, l'accuse d'avoir tué Laïos, répond Œdipe. Comment admettre une telle « impudence » ? Jocaste déclare alors pouvoir le rassurer. D'évidence, il n'est pour rien dans l'assassinat de Laïos.

Dégager des axes de lecture

Une longue tirade de Jocaste, suivie d'une longue série, de plus en plus haletante, de questions et de réponses compose le mouvement du texte. Plus Jocaste s'efforce d'apaiser les craintes d'Œdipe, moins elle y parvient. Sa stratégie argumentative échoue donc. L'ironie tragique[1] est totale, accroissant par là même l'effet dramatique.

PREMIER AXE DE LECTURE
UNE ARGUMENTATION QUI MANQUE SON BUT

Un raisonnement en apparence bien mené

Pour convaincre Œdipe de sa propre innocence, Jocaste recourt à une démonstration habile. « Absous-toi toi-même du crime », commence-t-elle par lui dire (l. 1). C'est débuter par la conclusion, afin de mieux capter l'attention d'Œdipe, qui désire s'entendre confirmer son innocence. Vient ensuite la « preuve » en trois points :

- le premier est de principe : nul ne peut connaître l'avenir. Jocaste met en doute non l'oracle d'Apollon (ce serait un sacrilège), mais l'interprétation que ses « serviteurs » en donnent ;
- le deuxième est d'ordre technique : Laïos n'est pas mort dans un combat singulier, mais dans une embuscade tendue par plusieurs assaillants. Il n'est donc pas mort de la seule « main de son fils », comme on l'a prédit ;
- le dernier point relève de la preuve par l'absurde : comment ce fils aurait-il pu être le meurtrier puisque, « trois jours » après sa naissance, il fut abandonné sur un « mont désert » (sous-entendu : cet enfant est donc mort depuis longtemps) ?

La conclusion reprend l'idée initiale : ne tenir aucun compte des « voix » prétendument « prophétiques » (l. 14).

1. Sur ce qu'est l'ironie tragique, voir p. 13.

Un résultat contraire au but recherché

Les réactions d'Œdipe montrent assez que, loin de le rassurer, le récit de Jocaste ne fait que l'angoisser davantage. Son «âme» «s'égare», sa «raison» «chancelle» (l. 18). Son inquiétude provoque celle de Jocaste: «Je tremble à te regarder» (l. 42).

La structure du texte montre également que Jocaste a échoué dans son entreprise. À peine a-t-elle achevé de parler qu'Œdipe la soumet à un interrogatoire de plus en plus pressant. Chaque précision de Jocaste le fait passer de la «crainte» à la certitude finale: «Ah! cette fois, tout est clair!» (l. 52). Sauf miracle ou coup de théâtre, c'est bien lui le coupable.

DEUXIÈME AXE DE LECTURE
L'IRONIE TRAGIQUE

Dans le renversement de situation

Jocaste se fait l'artisan du destin – de ce destin dont elle nie que les hommes puissent avoir connaissance ou prise sur lui. Plaidant l'innocence d'Œdipe, elle établit, malgré elle, les indices de la culpabilité de son mari. C'est un complet renversement de situation, qui se manifeste de plusieurs façons:

– au début de l'extrait, c'est Jocaste qui mène le jeu: «Écoute-moi», dit-elle à Œdipe (l. 2). C'est elle ensuite qui «écoute» les questions d'Œdipe;

– c'est en apparence le plus insignifiant des détails de sa démonstration qui alarme Œdipe. Laïos, dit-elle, a été tué «au croisement de deux chemins» (l. 8). Œdipe sursaute, lui fait répéter: «Tu as bien dit...» (l. 21);

– le présumé innocent se change en présumé criminel, enquêtant sur son passé pour établir sa propre culpabilité.

Dans des paroles imprudentes

Jocaste et Œdipe prononcent des paroles dont le sens exact leur échappe ou auxquelles ils prêtent un sens différent de celui qu'elles possèdent en réalité.

Jocaste, par exemple, conclut sa démonstration par cette phrase, presque en forme de maxime: «Les choses dont un dieu poursuit l'achèvement, il saura bien les révéler lui-même» (l. 14-15).

Dans son esprit, ces mots signifient qu'il ne faut accorder aucun crédit à l'oracle. Ils reprennent sous une forme différente ce qu'elle avait déjà dit: «Jamais aucune créature humaine ne possède rien de l'art de prédire» (l. 2-3). Le «dieu» qu'elle évoque est pourtant bien en train d'agir.

Comme le rappelle Œdipe, imprudente est également la «malédiction» qu'il a lancée contre le criminel. Il prend conscience de l'ironie du destin: «Je crains bien d'avoir, sans m'en douter, lancé contre moi-même tout à l'heure d'étranges malédictions» (l. 39-41).

L'exclamation d'Œdipe: «Ah! cette fois tout est clair» (l. 52) prend enfin une résonance particulière. Ce n'est pas cette «clarté» que Jocaste prétendait apporter!

TROISIÈME AXE DE LECTURE
UNE RÉVÉLATION DRAMATIQUE

La catastrophe est en marche. L'enquête sur l'assassinat de Laïos vient de progresser. On connaît le lieu du crime : en «Phocide», au carrefour des routes de Delphes et de Daulia. On en connaît la date: juste avant la prise du pouvoir par Œdipe. Reste une inconnue: l'assassin a-t-il agi seul?

Ces certitudes laissent toutefois plusieurs questions en suspens: l'interrogatoire qu'Œdipe fait subir à Jocaste n'a de sens que si Œdipe s'est déjà trouvé en Phocide, à un carrefour, où il a tué un homme. Pour quelle raison? Quelle est l'identité exacte de sa victime? L'oracle dit-il finalement la vérité?

Œdipe commence à remonter dans son passé. Il enquête désormais sur lui-même. Comment mènera-t-il cette enquête et jusqu'où? La tension dramatique est extrême.

Des silences inquiétants

La démonstration de Jocaste passe vite, trop vite, sur des points importants. L'enfant abandonné sur un « mont désert » était certes le fils de Laïos, mais c'était aussi le sien ! Elle ne dit rien de ses réactions, de sa souffrance vraisemblable de mère. Sans doute, parce qu'elle a déjà reconnu son fils en Œdipe, à présent son mari. Son silence touche au tragique.

De son côté, Œdipe néglige une précision capitale dans le récit de Jocaste : Laïos a lié les « talons » du nouveau-né[1]. Comment Œdipe peut-il oublier que ses chevilles portent les traces d'une très ancienne ligature ?

S'agit-il d'une négligence involontaire due à l'angoisse qui progressivement l'étreint ? Ou, déjà, du refus de croire à la vérité, parce qu'elle est trop monstrueuse ? Du désir presque inconscient de la refouler ?

Dans tous les cas, la scène approfondit et relance l'intérêt.

Ce rebondissement de l'action, que constitue l'extrait, appelle à son tour d'autres rebondissements : qui confirmera les dires de Jocaste, qui s'est constamment appuyée sur la « rumeur publique » ? Comment l'enquête progressera-t-elle ?

---

1. Voir pour plus de détails, p. 26, note 1.

Texte 4 (pages 227-228)

[strophe I]

LE CHŒUR : *Ah ! fasse le Destin que toujours je conserve la sainte pureté dans tous mes mots, dans tous mes actes. Les lois qui leur commandent siègent dans les hauteurs : elles sont nées dans le céleste éther, et l'Olympe est leur seul père ; aucun être mortel ne leur donna le jour ; jamais l'oubli ne les endormira : un dieu puissant est en elle, un dieu qui ne vieillit pas.*

[antistrophe I]

La démesure enfante le tyran. Lorsque la démesure s'est gavée follement, sans souci de l'heure ni de son intérêt, et lorsqu'elle est montée au plus haut, sur le faîte, la voilà soudain qui s'abîme dans un précipice fatal, où dès lors ses pieds brisés se refusent à la servir. Or, c'est la lutte glorieuse pour le salut de la cité qu'au contraire je demande à Dieu de ne voir jamais s'interrompre : Dieu est ma sauvegarde et le sera toujours.

[strophe II]

Celui en revanche qui va son chemin, étalant son orgueil dans ses gestes et ses mots, sans crainte de la Justice, sans respect des temples divins, celui-là, je le voue à un sort douloureux, qui châtie son orgueil funeste,

Du jour qu'il se révèle apte à ne rechercher que profits criminels, sans même reculer devant le sacrilège, à porter follement les mains sur ce qui est inviolable.

Est-il en pareil cas personne qui puisse se flatter d'écarter de son âme les traits de la colère ? Si ce sont de pareilles mœurs que l'on honore désormais, quel besoin ai-je vraiment de former ici des Chœurs ?

[antistrophe II]

Non, je n'irai plus vénérer le centre auguste de la terre, je n'irai plus aux sanctuaires ni d'Abae ni d'Olympie, si tous les humains ne sont pas d'accord pour flétrir de telles pratiques.

Ah ! Zeus souverain, puisque, si ton renom dit vrai, tu es maître de l'Univers, ne permets pas qu'elles échappent à tes regards, à ta puissance éternelle.

Ainsi donc on tient pour caducs et l'on prétend abolir les oracles rendus à l'antique Laïos ! Apollon se voit privé ouvertement de tout honneur. Le respect des dieux s'en va.

INTRODUCTION

Situer le passage

En voulant rassurer Œdipe, Jocaste n'a fait que l'angoisser. Elle lui a révélé que Laïos avait été tué « au croisement de deux chemins » (p. 222). Or Œdipe s'est souvenu qu'il a jadis tué un homme à un carrefour. Sa victime serait-elle Laïos ? Seul, le témoin survivant du meurtre de Laïos pourra le confirmer. Œdipe l'a donc convoqué et il s'est retiré dans son palais pour l'attendre. Le Chœur, également anxieux, intervient.

Dégager des axes de lecture

Dans la tragédie grecque, le Chœur chantait et souvent dansait. Dans l'impossibilité de reconstituer le type de déclamation qui était le sien, on s'attachera aux marques formelles de ce poème lyrique. C'est aussi une invocation religieuse, qui permet de préciser le rôle et la fonction du Chœur.

PREMIER AXE DE LECTURE
UN POÈME LYRIQUE

Ce « chant » du Chœur comporte :
– une première « strophe » (l. 1-6), suivie d'une « antistrophe » (l. 7-13) ;
– une seconde « strophe » (l. 14-23), suivie d'une seconde « antistrophe » (l. 24-32).

Cette appellation renvoie à l'organisation matérielle de l'espace théâtral grec[1]. Au centre de l'*orchestra* (place circulaire centrale), se trouvait un autel consacré à Dionysos[2]. À l'origine, la « strophe » désigne le chant du Chœur pendant que celui-ci fait le tour de l'autel. L'« antistrophe » correspond au tour inverse.

Rythmes et périodes[3]

Le schéma de chaque « antistrophe » calque celui de la « strophe » à laquelle il répond.

La première strophe débute par une période relativement longue (A), suivie d'un segment plus bref (B) qui s'épanouit dans une période de nouveau plus longue (C). Cette structure (A, B, C) est aussi celle de la première antistrophe. De même, les secondes « strophe » et « antistrophe » possèdent la même organisation rythmique.

Un jeu d'échos et de reprises

L'unité musicale de chaque ensemble est enfin assurée par plusieurs procédés stylistiques :
– des anaphores[4] : « un dieu puissant »/ « un dieu qui... » (l. 6) ;
– des structures grammaticales identiques : « Lorsque la démesure... » ; « Lorsqu'elle est montée... » (l. 7-8) ; « Si ce sont de pareilles mœurs... »/ « Si tous les humains... » (l. 22-25) ;

1. L'espace théâtral se composait d'un « théâtre », les gradins disposés en hémicycle où s'asseyaient les spectateurs ; d'un *orchestra*, place centrale au bas des gradins, où se tenait le Chœur ; de la *skênê* (scène) réservée aux acteurs.
2. Sur le lien entre la religion et la tragédie, voir le chapitre 3, p. 46.
3. Une période oratoire est une longue phrase rythmée, cadencée.
4. Voir p. 19, note 1.

– par des reprises de formules : « dans tous mes mots, dans tous mes actes » (l. 2)/ « dans ses gestes et dans ses mots » (l. 2).

DEUXIÈME AXE DE LECTURE
UNE INVOCATION RELIGIEUSE

Ce poème lyrique est clairement une prière. Le destinataire en est le « Destin » (l. 1), « Dieu » (l. 13), « Zeus, maître de l'Univers » (l. 27).

Il s'ouvre sur une formule optative, à valeur d'imploration : « Ah ! fasse le Destin que toujours je conserve… » (l. 1). Il se poursuit par un acte de foi et de confiance : « Dieu est ma sauvegarde et le sera toujours » (l. 13). Il s'achève sur une supplique : que Zeus ne permette pas le triomphe de l'impiété !

Une malédiction

Dans ce contexte, la malédiction que profère le Chœur retrouve sa force originelle et tragique : « Celui-là, je le voue à un sort douloureux… » (l. 16). C'est, au sens propre, appeler la colère divine sur l'orgueilleux qui méprise toute loi.

Or cet orgueilleux ressemble à Œdipe (même si son nom n'est pas prononcé). Il est celui qui n'a pas reculé « devant le sacrilège, à porter follement les mains sur ce qui est inviolable » (l. 19-20). Comment mieux désigner le parricide et l'inceste ?

Condamner en outre la « démesure » (l. 7), l'« orgueil » (l. 14), la recherche de « profits criminels » (l. 18) équivaut à stigmatiser Œdipe.

Une supplique

Aussi le Chœur supplie-t-il Zeus de ne pas permettre que s'en aille « le respect des dieux » (l. 32). Le serment du Chœur peut de prime abord étonner : « Non, je n'irai plus vénérer le centre auguste de la terre… » (l. 24). Mais il est soumis à une condition : « si tous les humains ne sont pas d'accord pour flétrir de telles pratiques » (l. 25-26). L'hypothèse est improbable. L'orgueilleux est déjà un esclave, un réprouvé, voué au châtiment.

TROISIÈME AXE DE LECTURE
LE RÔLE DU CHŒUR

Le gardien de la cité

« C'est la lutte glorieuse pour le salut de la cité que [...] je demande à Dieu », proclame le Chœur (l. 11), qui s'affirme ainsi comme soucieux de la collectivité. Or ce « salut » passe par le respect des « lois », qui non seulement sont d'origine divine, mais qui existent de toute éternité : « aucun être mortel ne leur donna le jour » (l. 4-5).

Un ordre préétabli règle donc l'ordre du monde, qui assure l'harmonie des hommes entre eux, et des hommes avec l'au-delà. D'où la nécessité pour « tous les humains » (l. 25) de condamner les sacrilèges (l. 25 et 26).

Le rejet de la démesure

La tyrannie devient dans ces conditions un trouble à la fois de l'ordre public et de l'ordre universel. Mépris du sacré, elle est mépris du politique. « La démesure enfante le tyran », dit le Chœur.

Celle-ci naît de l'absence de crainte de la justice, de « respect des temples divins » (l. 15-16). Elle est donc par nature tragique. La « démesure » (ou *hybris*, en grec) est la faute humaine par excellence, celle que ni les dieux ni les hommes ne peuvent pardonner.

Dans ses précédentes interventions, le Chœur admirait Œdipe, puis, devant l'accumulation d'indices troublants, avouait ses hésitations et ses craintes. Désormais, il condamne, proscrit. Il est au début d'une évolution qui le conduira à se désolidariser d'Œdipe et à se satisfaire de son exil.

Texte 5 (pages 241-242)

LE MESSAGER : Ô vous que ce pays a de tout temps entre tous honorés, qu'allez-vous donc ouïr et qu'allez-vous voir ? Quel chant de deuil devrez-vous faire entendre si, fidèles à votre sang, vous vous intéressez encore à la maison des Labdacides ? Ni l'Ister ni le Phase ne seraient capables, je crois, de laver les souillures que cache ce palais, et dont il va bientôt révéler une part – souillures voulues, non involontaires ; mais, parmi les malheurs, les plus affligeants ne sont-ils pas ceux justement qui sont nés d'un libre choix ?

LE CORYPHÉE : Ce que nous savions nous donnait déjà matière à gémir : qu'y viens-tu ajouter encore ?

LE MESSAGER : Un mot suffit, aussi court à dire qu'à entendre : notre noble Jocaste est morte.

LE CORYPHÉE : La malheureuse ! Et qui causa sa mort ?

LE MESSAGER : Elle-même. Mais le plus douloureux de tout cela t'échappe : le spectacle du moins t'en aura été épargné. Malgré tout, dans la mesure où le permettra ma mémoire, tu vas savoir ce qu'a souffert l'infortunée. À peine a-t-elle franchi le vestibule que, furieuse, elle court vers le lit nuptial, en s'arrachant à deux mains les cheveux. Elle entre et violemment ferme la porte derrière elle. Elle appelle alors Laïos, déjà mort depuis tant d'années ; elle évoque « les enfants que jadis il lui donna et par qui il périt lui-même, pour laisser la mère à son tour donner à ses propres fils une sinistre descendance ». Elle gémit sur la couche « où, misérable, elle enfanta un époux de son époux et des enfants de ses enfants » ! Comment elle périt ensuite, je l'ignore, car à ce moment Œdipe, hurlant, tombe au milieu de nous, nous empêchant d'assister à sa fin : nous ne pouvons plus regarder que lui. Il fait le tour de notre groupe ; il va, il vient, nous suppliant de lui fournir une arme, nous demandant où il pourra trouver « l'épouse qui n'est pas son épouse, mais qui fut un champ maternel à la fois pour lui et pour ses enfants ». Sur quoi un dieu sans doute dirige sa fureur, car ce n'est certes aucun de ceux qui l'entouraient avec moi. Subitement, il poussa un cri terrible et, comme mené par un guide, le voilà qui se précipite sur les deux vantaux de la porte, fait fléchir le verrou qui saute de la gâche se rue enfin au milieu de la pièce… La femme est pendue ! Elle est là, devant nous, étranglée par le nœud qui se balance au toit… Le malheureux à ce spectacle pousse un gémissement affreux. Il détache la corde qui pend, et le pauvre corps tombe à terre… C'est un spectacle alors atroce à voir. Arrachant les agrafes d'or qui servaient à draper ses vêtements sur elle, il les lève en l'air et il se met à en frapper ses deux yeux dans leurs orbites. « Ainsi ne verront-ils plus, dit-il, ni le mal que j'ai subi, ni celui que j'ai causé ; ainsi les ténèbres leur défendront-elles de voir désormais ceux que je n'eusse pas dû voir, et de connaître ceux que, malgré tout, j'eusse voulu connaître ! » Et tout en clamant ces mots, sans répit, les bras levés, il se frappait les yeux, et leurs globes en sang coulaient sur sa barbe. Ce n'était pas un suintement de gouttes rouges, mais une noire averse de grêle et de sang, inondant son visage !… Le désastre a éclaté, non par sa seule faute, mais par le fait de tous deux à la fois : c'est le commun désastre de la femme et de l'homme. Leur bonheur d'autrefois était hier encore un bonheur au sens vrai du mot : aujourd'hui, au contraire, sanglots, désastre, mort et ignominie, toute tristesse ayant un nom se rencontre ici désormais ; pas une qui ne manque à l'appel !

INTRODUCTION

Situer le passage

L'oracle d'Apollon s'est réalisé : Œdipe s'est découvert parricide et incestueux. Sans un mot, Jocaste s'est précipitée, « éperdue dans le palais » (p. 235). Œdipe laisse éclater son désespoir, puis « se rue » à son tour dans le palais. Bientôt en ressort un messager, qui annonce au Coryphée la mort de Jocaste.

Dégager des axes de lecture

Le dénouement est en marche. Il se produit hors de la vue des spectateurs, à qui le messager en fait le récit. Pourquoi un tel récit, dont l'impact pathétique et la nature tragique sont par ailleurs évidents ?

PREMIER AXE DE LECTURE
RÉCIT ET DRAMATURGIE

Un récit imposé

La présence d'un récit dans une pièce de théâtre est toujours problématique. En principe, en effet, toute pièce doit « représenter » une action, non la raconter. Des conditions techniques et esthétiques expliquent le recours au récit.

Représenter sur scène la mort de Jocaste et l'aveuglement d'Œdipe impliquerait un changement de lieu : l'action se déplacerait de l'extérieur, où elle se passe tout entière, vers l'intérieur du palais. Or les conditions matérielles des représentations interdisent un tel changement. Fermée au fond par un muret, la scène était en demi-cercle, et souvent de petite dimension. Il n'y avait pas de coulisses, pas de décor. Le dépouillement était de rigueur. Les dramaturges étaient en conséquence contraints de confier au récit ce qui se déroulait ailleurs que dans l'espace scénique.

En outre, bien que les bienséances ne fussent pas à l'époque de Sophocle aussi tyranniques qu'au XVIIe siècle français, elles justifient au moins en partie la non-représentation du double drame sur scène. La vue directe du suicide de Jocaste et d'Œdipe se crevant les yeux aurait été un spectacle insoutenable.

Ces contraintes n'ont pas que des inconvénients. Elles offrent aussi des avantages, notamment celui de faire presque coïncider le dire avec le faire, la parole avec l'action.

Un récit justifié

Imposé, le récit n'en possède pas moins l'apparence de la plus grande vraisemblance. C'est celui d'un témoin direct du drame, qui rapporte ce qu'il a vu, « dans la mesure où le [lui] permet [sa] mémoire » (l. 18). Ce témoin était d'ailleurs mêlé à d'autres qui « l'entouraient » (l. 35-36) : d'où le pronom personnel « nous », plusieurs fois utilisé (l. 29 et 35).

Le messager est donc digne de confiance. Il l'est d'autant plus qu'il ne raconte que ce qu'il a vu, s'interdisant la moindre conjecture : « Comment elle [Jocaste] périt ensuite, je l'ignore, car à ce moment… » (l. 27-28).

Sophocle met ainsi tout en œuvre pour rendre crédible l'intervention et les dires du Messager.

DEUXIÈME AXE DE LECTURE
UN RÉCIT PATHÉTIQUE

L'horreur et la pitié

Les événements relatés sont en eux-mêmes terribles : une pendaison et une mutilation oculaire. Les champs lexicaux traduisent la détresse des personnages : Jocaste « gémit » (l. 25), « s'arrache les cheveux » (l. 20) ; Œdipe supplie, « crie » (l. 36), « pousse un gémissement affreux » (l. 42). Les commentaires que fait le Messager sur son propre récit ajoutent à l'affliction. Il nomme Jocaste l'« infortunée » (l. 18), Œdipe « le malheureux » (l. 41). Il prépare l'auditoire au pire : « C'est un spectacle alors atroce à voir » (l. 43), lui dit-il. Lui-même est bouleversé par ce qu'il rapporte :

Aujourd'hui [...], sanglots, désastre, mort et ignominie, toute tristesse ayant un nom se rencontre ici désormais, pas une qui ne manque à l'appel. (l. 58-60)

Un récit qui donne à voir et à entendre

Le récit s'organise en deux grands tableaux, l'un centré sur Jocaste, l'autre, plus long, sur Œdipe.

À chaque fois, l'accent est mis sur les attitudes, les gestes et les cris. Les verbes de mouvement sont nombreux : Jocaste « court », « entre et ferme violemment la porte » (l. 19 et 21) ; Œdipe « tombe au milieu de nous » (l. 28 et 29), « se précipite sur les deux vantaux de la porte » (l. 37-38), « arrache les agrafes d'or » (l. 44). L'horreur est à son comble, quand est décrit le geste désespéré d'Œdipe :

> Et tout en <u>clamant</u> ces mots, <u>sans répit</u>, les bras levés, il <u>se frappait</u> les yeux, et leurs globes en sang <u>coulaient</u> sur sa barbe. Ce n'était pas un suintement de gouttes rouges, mais une noire <u>averse de grêle et de sang, inondant</u> son visage ! [1]

Les verbes à l'imparfait traduisant l'acharnement d'Œdipe, l'indication des couleurs, la précision des détails (« sur sa barbe ») l'épanchement sanguin qui devient « une noire averse » : tout est fait pour que le spectateur puisse visualiser ces paroles. Le procédé est celui de l'hypotypose[2]. Le récit est agencé pour créer l'horreur et la pitié. Le pathétique atteint son but.

TROISIÈME AXE DE LECTURE
DEUX ATTITUDES TRAGIQUES

Le désespoir de Jocaste

Jocaste meurt de honte. Ses paroles, rapportées au style indirect libre, révèlent non pas qu'elle est maudite, mais qu'elle maudit :

> Elle gémit sur la couche où, misérable, elle enfanta un époux de son époux et des enfants de ses enfants ! (l. 25-27)

---

1. C'est nous qui soulignons.
2. Une hypotypose est une description animée et frappante, qui impose à l'esprit du spectateur l'image de ce qui est dit.

Elle ne peut se supporter ni s'admettre incestueuse. Ses premiers mots sont pour Laïos, « déjà mort depuis tant d'années » (l. 22), mais qu'elle n'a pas oublié. Il est vrai que de leur union date leur malheur. Aussi peut-on se demander si elle n'a pas très tôt découvert la vérité. Mais tant que l'atroce réalité demeurait inconnue, elle avait choisi de l'enfouir et de vivre. Une fois le mystère percé, Jocaste ne peut que se condamner. Son long silence, son suicide muet font d'elle une figure ambiguë et tragique.

Le défi d'Œdipe

Comme Jocaste, sa mère et sa femme, Œdipe se punit. C'est un geste désespéré, humain et libre. Certes, précise le Messager, « un dieu dirige sans doute sa fureur » (l. 34-35) et il est « comme mené par un guide » (l. 37). « Sans doute », « comme » : rien n'est affirmé, tenu pour certain. L'oracle d'Apollon ne le condamnait pas à se crever les yeux.

Si Œdipe choisit de ne pas se tuer, c'est parce qu'il s'estime au moins partiellement innocent et plus victime que criminel. Œdipe mentionne en effet le « mal » qu'il « a subi » (l. 47). Acte de désespoir, son geste peut dès lors s'interpréter comme un défi lancé à la divinité. Se reprochant d'être né, Œdipe, en demeurant aveugle, mais en vie, assume sa condition d'homme. Il devient une énigme vivante : pourquoi le sort lui fut-il si contraire ? Il se dresse, la face sanglante, devant les dieux incompréhensibles et cruels.

Le dénouement d'*Œdipe roi* est exemplaire de la tragédie grecque par l'horreur et la pitié qu'il suscite chez le spectateur. Sur les questions aussi qu'il soulève. Accablé par un malheur absolu, Œdipe s'avance tâtonnant, mais debout. Reste à la cité à le juger, et à décider de son sort.

Bibliographie

SUR L'HISTOIRE DU THÉÂTRE GREC

- Romilly Jacqueline de, *Précis de littérature grecque*, PUF, 1980, pp. 86 à 100.

SUR LA MYTHOLOGIE GRECQUE

- Grimal Pierre, *Dictionnaire de la mythologie gréco-romaine*, PUF, 1960.

SUR LE MYTHE ET LA TRAGÉDIE

- Vernant Jean-Pierre, *Mythe et pensée chez les Grecs*, Maspero, 1969.
- Vernant Jean-Pierre, *Mythe et tragédie en Grèce ancienne*, Maspero, 1972.

SUR LA VIE ET L'ŒUVRE DE SOPHOCLE

- Green André, *Un œil en trop; le complexe d'Œdipe dans la tragédie*, Éditions de Minuit, 1969.
- Hoffmann Georges, *Sophocle: Œdipe roi*, PUF, 1990.
- Reinhardt Karl, *Sophocle*, Éditions de Minuit, 1971.

SUR LE MYTHE D'ŒDIPE ET SES DIFFÉRENTES VERSIONS

- Astier Colette, *Le Mythe d'Œdipe*, A. Colin, 1974.
- Scherer Jacques, *Dramaturgies d'Œdipe*, PUF, 1967.

SUR LE COMPLEXE D'ŒDIPE

- Casalie Georges, «Œdipe (Complexe d')», *Encyclopædia Universalis*, 1960, t. 10, pp. 400 à 402.
- Freud Sigmund, *Totem et Tabou*, Payot, 1984.

Index des thèmes et notions

Les chiffres renvoient aux pages du Profil.

Bussière Camedan Imprimeries
à Saint-Amand (Cher), France.
Dépôt légal : juin 2002. N° d'édit. : 13637. N° d'imp. : 022926/1.

156 **Ponge**, Le parti pris des choses et autres recueils
28 **Prévert**, Paroles
6 **Prévost (abbé)**, Manon Lescaut
263 **Primo Levi**, Si c'est un homme
75 **Proust**, À la recherche du temps perdu
233/234 **Queneau**, Les fleurs bleues
62 **Rabelais**, Gargantua / Pantagruel
149 **Racine**, Andromaque
193 **Racine**, Bérénice
109 **Racine**, Britannicus
189 **Racine**, Iphigénie
39 **Racine**, Phèdre
227/228 **Renoir**, La règle du jeu
55 **Rimbaud**, Poésies
246 **Rimbaud**, Une saison en enfer/ Illuminations
82 **Rousseau**, Les confessions
215/216 **Rousseau**, Les confessions (Livres I à IV)
61 **Rousseau**, Rêveries du promeneur solitaire
243 **Sarraute**, Enfance
31 **Sartre**, Huis clos
194 **Sartre**, Les mots
18 **Sartre**, La nausée
209/210 **Senghor**, Éthiopiques
170 **Shakespeare**, Hamlet
169 **Sophocle**, Œdipe roi
44 **Stendhal**, La chartreuse de Parme
20 **Stendhal**, Le rouge et le noir
86 **Tournier**, Vendredi ou les limbes du Pacifique
148 **Vallès**, L'enfant
247 **Verlaine**, Fêtes galantes et autres recueils
218 **Vian**, L'écume des jours
262 **Voltaire**, Candide
113 **Voltaire**, L'ingénu
188 **Voltaire**, Zadig et Micromégas
35 **Zola**, L'assommoir
77 **Zola**, Au bonheur des dames
100 **Zola**, La bête humaine
8 **Zola**, Germinal
235 **Zola**, Thérèse Raquin
248 **Zweig**, Le joueur d'échecs

TEXTES EXPLIQUÉS

160 **Apollinaire**, Alcools
131 **Balzac**, Le père Goriot
141/142 **Baudelaire**, Les fleurs du mal/ Le spleen de Paris
135 **Camus**, L'étranger
159 **Camus**, La peste
143 **Flaubert**, L'éducation sentimentale
108 **Flaubert**, Madame Bovary
110 **Molière**, Dom Juan
166 **Musset**, Lorenzaccio
161 **Racine**, Phèdre
107 **Stendhal**, Le rouge et le noir
236/237 20 textes expliqués du xvie siècle
220 **Verlaine**, Poésies
104 **Voltaire**, Candide
136 **Zola**, Germinal

BAC 2002 QUESTIONS TRAITÉES

Bac lettres Tle L/ES : les questions d'oral et d'écrit

PROFIL HISTOIRE LITTÉRAIRE

114/115 50 romans clés de la littérature française
174 25 pièces de théâtre de la littérature française
119 Histoire de la littérature en France au xvie siècle
120 Histoire de la littérature en France au xviie siècle
139/140 Histoire de la littérature en France au xviiie siècle
123/124 Histoire de la littérature en France au xixe siècle
125/126 Histoire de la littérature en France au xxe siècle
128/129 Mémento de la littérature française
151/152 Le théâtre: problématiques essentielles
179/180 La tragédie racinienne
181/182 Le conte philosophique voltairien
183/184 Le roman d'apprentissage au xixe siècle
197/198 Les romans de Malraux : problématiques essentielles
201/202 Le drame romantique
223/224 Les mythes antiques dans le théâtre français du xxe siècle
229/230 Le roman naturaliste: Zola, Maupassant
231 Maîtres et valets dans la comédie du xviiie siècle
250/251 La poésie au xixe et au xxe siècle
252/253 Les mouvements littéraires du xvie au xviiie siècle
254/255 Les mouvements littéraires du xixe et du xxe siècle
256/257 Le roman et la nouvelle
258/259 La tragédie et la comédie
260/261 Le biographique

GROUPEMENT DE TEXTES

94 La nature: Rousseau et les romantiques
95 La fuite du temps: de Ronsard au xxe siècle
97 Voyage et exotisme au xixe siècle
98 La critique de la société au xviiie siècle
106 La rencontre dans l'univers romanesque
111 L'autobiographie
130 Le héros romantique
137 Les débuts de roman
155 La critique de la guerre
162 Paris dans le roman au xixe siècle